最新法律文件解读丛书

# 商事法律文件解读

总第179辑(2019.11)

最新法律文件解读丛书编选组　编

人民法院出版社

**图书在版编目(CIP)数据**

商事法律文件解读．总第179辑/最新法律文件解读丛书编选组编．--北京：人民法院出版社，2019.12
(最新法律文件解读丛书)
ISBN 978-7-5109-2693-8

Ⅰ.①商… Ⅱ.①最… Ⅲ.①商法—法律解释—中国 Ⅳ.①D923.995

中国版本图书馆CIP数据核字（2019）第269229号

**商事法律文件解读．总第179辑**
最新法律文件解读丛书编选组　编

---

**责任编辑**　路建华
**出版发行**　人民法院出版社
**地　　址**　北京市东城区东交民巷27号　邮编　100745
**电　　话**　(010)67550660(责任编辑)　67550558(发行部查询)
65223677(读者服务部)
**客服QQ**　2092078039
**网　　址**　http://www.courtbook.com.cn
**E - mail**　courtbook@sina.com
**印　　刷**　三河市国英印务有限公司
**经　　销**　新华书店
**开　　本**　787毫米×1092毫米　1/16
**字　　数**　140千字
**印　　张**　8
**版　　次**　2019年12月第1版　　2019年12月第1次印刷
**书　　号**　ISBN 978-7-5109-2693-8
**定　　价**　22.00元

# 卷首语

为落实《中华人民共和国中小企业促进法》和《关于加强金融服务民营企业的若干意见》《关于促进中小企业健康发展的指导意见》等法律、政策文件要求，按照党中央、国务院关于解决中小微企业融资难融资贵问题的一系列具体部署，进一步加强信用信息共享，充分发挥信用信息应用价值，加大对守信主体的融资支持力度，提高金融服务实体经济质效，国家发展改革委、银保监会就深入开展“信易贷”工作和支持金融机构破解中小微企业融资难融资贵问题，于2019年9月12日发布《国家发展改革委、银保监会关于深入开展“信易贷”支持中小微企业融资的通知》(以下简称《通知》)。本辑刊登了《通知》。

实行最严格知识产权司法保护是我国实现创新发展的内生需求，是赢得国际竞争主动权的必需举措，是实现由知识产权大国向知识产权强国迈进的有力支撑，是有效应对知识产权审判面临挑战的必然要求。为应对国际国内形势发展对知识产权保护带来的新挑战、新要求，深入实施国家知识产权战略和创新驱动战略，进一步加大知识产权司法保护力度，为高质量发展提供坚强有力的司法保障，江苏省高级人民法院于2019年8月6日发布《江苏省高级人民法院关于实行最严格知识产权司法保护 为高质量发展提供司法保障的指导意见》（以下简称《意见》)。本辑刊登了《意见》。

在“新类型疑难案例选评”栏目，本辑刊登了《李某福诉厦门尔某山贸易有限公司侵害外观设计专利权纠纷案》。作者对该案的分析阐明：委托加工的产品构成对他人专利的侵害，判断委托方的行为是否属于制造行为，应当根据专利法对专利实施行为的正确界定，结合委托方在委托加工关系中是否具有实施专利技术的主观意愿和客观的行为表现来进行综合确定。

# 《最新法律文件解读》丛书
# 编　辑　部

# 目 录

# [部门规章、部门规章性文件与解读]

国家发展改革委　银保监会

## 关于深入开展“信易贷”支持中小微企业融资的通知

2019年9月12日　　发改财金〔2019〕1491号

**各省、自治区、直辖市、新疆生产建设兵团社会信用体系建设牵头部门、各银保监局，国家公共信用信息中心，各政策性银行、大型银行、股份制银行，邮储银行，外资银行：**

为认真贯彻落实习近平总书记在民营企业座谈会上的重要讲话精神，落实《中华人民共和国中小企业促进法》和《关于加强金融服务民营企业的若干意见》《关于促进中小企业健康发展的指导意见》等法律、政策文件要求，按照党中央、国务院关于解决中小微企业融资难融资贵问题的一系列具体部署，进一步加强信用信息共享，充分发挥信用信息应用价值，加大对守信主体的融资支持力度，提高金融服务实体经济质效，现就深入开展“信易贷”工作，支持金融机构破解中小微企业融资难融资贵问题通知如下。

### 一、总体要求

深入开展“信易贷”工作，是落实金融供给侧结构性改革要求的重要举措，有利于破解中小微企业融资难题，畅通金融体系和实体经济良性循环。各地区各部门及各金融机构要充分认识深入开展“信易贷”工作的重要意义，积极探索、主动作为，切实利用信用信息加强对中小微企业的金融服务。国家公共信用信息中心要积极协调有关部门，加强信用信息整合共享，加快建设全国中小企业融资综合信用服务平台。各地区社会信用体系建设牵头部门要认真落实属地管理职责，因地制宜采取措施，促进本地区“信易贷”工作成效进一步提升。金融机构要切实履行服务中小微企业第一责任人的职责，扩大“信易贷”规模，提高中小微企业的政策获得感。

## 二、重点工作任务

（一）建立健全信用信息归集共享查询机制。

依托全国信用信息共享平台，整合税务、市场监管、海关、司法、水、电、气费以及社保、住房公积金缴纳等领域的信用信息，“自上而下”打通部门间的信息孤岛，降低银行信息收集成本。完善信用信息采集标准规范，健全自动采集和实时更新机制，确保信息归集的准确性、时效性和完整性。根据金融机构需求，持续扩大信用信息归集范围。鼓励有条件的地方建设地区性中小企业信用服务平台，选择合适方式对接全国中小企业融资综合信用服务平台，缓解银企信息不对称问题。

明确可依法依规公开信息范围，全国信用信息共享平台可根据有关信息共享协议将可公开信息推送给金融机构使用。全国信用信息共享平台向金融机构提供信息推送、信用报告查询等服务，应当依法依规并按照公益性原则开展。研究制定信用报告格式规范，建立信用报告授权查询制度。规范查询办理流程，未经授权严禁查询信用报告。

（二）建立健全中小微企业信用评价体系。

依托全国信用信息共享平台，构建符合中小微企业特点的公共信用综合评价体系，将评价结果定期推送给金融机构，提高金融机构风险识别能力。鼓励征信机构、信用服务机构依法依规提供针对中小微企业的信用产品和服务。鼓励有条件的金融机构使用公共信用信息，依托大数据、云计算等完善中小微企业信贷评价和风险管理模型，优化信贷审批流程，降低运营管理成本，提高贷款发放效率和服务便利程度。

（三）支持金融机构创新“信易贷”产品和服务。

鼓励金融机构对接全国中小企业融资综合信用服务平台，创新开发“信易贷”产品和服务，加大“信易贷”模式的推广力度。鼓励金融机构以提升风险管理能力为立足点，减少对抵质押担保的过度依赖，逐步提高中小微企业贷款中信用贷款的占比。鼓励金融机构对信用良好、正常经营的中小微企业创新续贷方式，切实降低企业贷款周转成本。

（四）创新“信易贷”违约风险处置机制。

鼓励金融机构依托金融科技建立线上可强制执行公证机制，加快债务纠纷解决速度。依托全国信用信息共享平台对失信债务人开展联合惩戒，严厉打击恶意逃废债务行为，维护金融机构合法权益。

（五）鼓励地方政府出台“信易贷”支持政策。

支持有条件的地方设立由政府部门牵头，金融机构和其他市场主体共同参与、共担风险的“信易贷”专项风险缓释基金或风险补偿金，专项用于弥补金融机构在开展“信易贷”过程中，由于企业债务违约等失信行为造成的经济损失。鼓励根据本地实际出台更加多元化的风险缓释措施。

（六）加强“信易贷”管理考核激励。

在逐步丰富完善全国信用信息共享平台信息资源的基础上，研究制定“信易贷”统计报表规范。金融机构应定期向金融监管部门报送统计报表，金融监管部门和社会信用体系建设牵头部门定期共享统计数据。

建立“信易贷”工作专项评价机制，并从金融机构和地方政府两个维度开展评价。金融机构评价结果纳入小微企业金融服务监管考核评价指标体系，地方政府评价结果纳入城市信用状况监测。加强工作督导和考核，有序推进“信易贷”工作落地见效。

## 三、保障措施

（一）建立“信易贷”工作协调机制。

国家发展改革委与银保监会牵头建立“信易贷”工作协调机制，建立健全全国信用信息共享平台与金融机构共享共用信用信息的体制机制，协调解决工作推进中的重点难点问题，协同推进“信易贷”工作切实落地，定期总结工作成效。

（二）保障数据安全。

全国信用信息共享平台、金融机构与数据来源部门签订信息保密协议，规范信息共享共用范围和方式，明确信息保密义务和责任。加强数据共享传输技术保障，提升全国信用信息共享平台和金融机构数据系统的安全防护能力。

（三）维护主体权益。

除依法依规可向社会公开的数据外，数据来源部门提供的涉及商业秘密和个人隐私的数据应当获得企业或个人授权后方可查询、加工、分析和使用。数据传输和接收单位应当建立系统日志，完整记录数据访问、操作等信息，避免越权操作，并建立相关制度对违反规定人员追究法律责任。

（四）加强风险防控。

金融机构应当建立覆盖贷前贷中贷后的一体化风险防控体系，加强监测预警和提前处置。鼓励银行业金融机构与保险公司开展信用保证保险等业务合作，完善风险分担机制。

（五）加大宣传力度。

依托部门政务服务大厅、银行网点、服务热线、“信用中国”网站、部门和单位门户网站、微博微信等渠道和方式，对“信易贷”进行全方位宣传，提升企业和个人对“信易贷”的知晓度。加大对典型案例和突出成效的宣传，加强示范引领，在全社会形成守信受益、信用有价的价值导向，营造良好的信用环境，不断扩大“信易贷”的社会影响力。

[地方司法业务文件与解读]

江苏省高级人民法院

# 关于实行最严格知识产权司法保护为高质量发展提供司法保障的指导意见

(2019 年 8 月 6 日江苏省高级人民法院审判委员会民事行政专业委员会第 2 次会议讨论通过 2019 年 8 月 6 日发布)

实行最严格知识产权司法保护是我国实现创新发展的内生需求，是赢得国际竞争主动权的必需举措，是实现由知识产权大国向知识产权强国迈进的有力支撑，是有效应对知识产权审判面临挑战的必然要求。为应对国际国内形势发展对知识产权保护带来的新挑战、新要求，切实贯彻落实中办、国办《关于加强知识产权审判领域改革创新若干问题的意见》以及中央深改委审议通过的《关于强化知识产权保护的意见》，深入实施国家知识产权战略和创新驱动战略，进一步加大知识产权司法保护力度，为高质量发展提供坚强有力的司法保障，制定本意见。

## 一、牢固树立最严格知识产权司法保护理念，准确把握总体要求

1. 准确把握最严格知识产权司法保护理念的总体要求。最严格知识产权司法保护就是在现有立法框架下，充分考虑知识产权无形性、价值弹性等特点，以及侵权行为隐蔽、多发、成本低，权利人维权举证难等状况，通过诉讼制度设计和审判机制构建，进一步加大司法惩处力度，最大限度降低维权成本，显著提高侵权成本，有效遏制侵权行为，及时保护权利人合法权益，大力

维护和激发创新活力。最严格知识产权司法保护理念的总体要求是：

更加注重创新导向。根据创新高度、知名程度、独创性高度、技术贡献度相应确定知识产权保护范围与强度，注重以是否有利于激励创新作为评判司法保护成效的标准。积极研究、探索对新类型创新权益的保护。

更加注重权利导向。坚持有利于权利保护的原则，减轻权利人维权负担，强化救济力度。在法律没有规定或规定不明确，对权利要求、合同条款等内容的解释存有争议时，司法裁量应当体现有利于保护权利人合法权益的价值导向。

更加注重惩罚导向。对于恶意侵权、重复侵权、以侵权为业者，拒不履行生效裁判者以及恶意诉讼、虚假诉讼者等，综合运用行为保全、惩罚性赔偿、强制措施、失信人黑名单等保护手段与措施，显著提高侵权成本，有效遏制侵权行为再发生。

更加注重效率导向。通过进一步精简诉讼环节、加快审理节奏、创新审判方式等措施有效提高审判效率，使权利救济更加便捷高效。

更加注重诚信导向。着力净化诉讼环境，加大对妨碍举证、恶意诉讼、虚假诉讼等增加权利人负担、浪费司法资源等行为的惩罚力度，进一步压缩恶意申请专利、商标等获取权利的生存空间。

## 二、有效利用诉讼保全措施，最大限度地阻却侵权行为继续

2. 及时审查保全申请。对当事人的保全申请，应当积极受理、及时审查、依法裁定。

对于知识产权权利稳定，易于作出侵权可能性判断，或者生效民事、刑事、行政裁判已就相同知识产权客体、相同事实的行为作出侵权认定，符合行为保全条件的，应当根据当事人的申请及时作出行为保全裁定并采取保全措施。

3. 紧急情况下应当立即裁定并采取行为保全措施。商业秘密即将被非法披露、作品即将被非法发表或者被热播、被控侵权产品即将被展销或出口等情况紧急的情形，符合行为保全条件的，应当依照民事诉讼法第一百条或第一百零一条的规定，立即裁定并采取保全措施。

4. 审慎审查疑难复杂案件的行为保全申请。对于知识产权的构成要件、稳定状态及侵权可能性等难以在短时间内作出判断的行为保全申请，应当通过

组织听证、审查证据、咨询专家等方式审慎审查，尽快作出是否侵权的初步判断以及是否采取保全措施的决定。

5. 一审判决或者中间判决不影响采取行为保全措施。一审判决或中间判决认定侵权成立，被诉侵权人提出上诉且仍持续实施被诉侵权行为，权利人申请行为保全，符合行为保全条件的，在二审法院接到报送的案件之前，一审法院可以作出行为保全裁定，责令被诉侵权人先行停止被诉侵权行为。

6. 及时对权属争议中的知识产权采取保全措施。知识产权权属争议纠纷中，被告系专利证书、商标注册证等权利证明文书上载明的权利人，向国家有关授权部门申请或者以不交年费等方式放弃权利，原告请求对涉案知识产权进行保全以维持权利有效状态的，应当及时作出保全裁定。

7. 依法制裁妨害诉讼保全的行为。当事人或其利害关系人妨害诉讼保全，包括擅自隐匿、毁损、更换、处置已保全的证据和财产，拒不履行或者协助履行保全裁定等情形的，应当根据情节轻重依法予以罚款、拘留；情节严重，涉嫌构成犯罪的，依法移送犯罪线索。

## 三、完善诉讼证据规则，破解权利人“举证难”问题

8. 引导当事人积极举证。积极引导当事人就权利状况、侵权认定、损害赔偿等方面的事实进行举证。对权利人确因客观原因不能自行收集的证据，及时依申请出具调查令，必要时可以依申请调查收集。

9. 依法支持运用现代技术保全或获取的证据。当事人使用时间戳、区块链等方式保全的证据、使用实现远程登录控制的 Telnet 命令等技术取得的证据，符合证明标准的，依法予以认定。

10. 技术人员辅助调取证据。涉及复杂技术事实的案件，法院调查取证或勘验现场时，可以邀请相关技术人员参与。

11. 依法适用证据披露制度。对于涉及被诉方工艺方法、财务账册等由被诉方掌握，权利人确因客观原因难以取得的证据，可以根据权利人的申请责令被诉方向法院提供，必要时也可以依申请调查收集。

不能确认被诉侵权人是侵权产品的制造者还是销售者时，应当责令被诉侵权人提供被控侵权产品来源的证据。拒不提供的，可以认定其为制造者。

12. 依法适用举证妨碍制度。对于法院责令提供证据的要求，持有证据的当事人拒绝提供、提供虚假证据、提供证据不全面，或者毁灭证据的，应当根

据案件情况作出不利于该方当事人的事实推定，并可以根据情节轻重予以罚款、拘留。

13. 有效防范商业秘密在诉讼中被不当泄露。通过下达保密令，当事人签订保密协议或承诺，不允许复印、拍照，分步骤披露当事人的商业秘密，将涉及秘密的证据交由第三方专家审查等方式，防范商业秘密在诉讼中被不适当地二次泄露。

## 四、推进审判方式改革，破解审理“周期长”问题

14. 充分发挥委托诉讼代理人在质证中的作用。对于证据材料较多的案件，必要时可以要求双方当事人及其诉讼代理人自行质证，向法院提供书面质证意见。

15. 通过速裁、简易程序等方式快速审结案件。对于事实清楚、法律适用简单、易于作出侵权判断的案件，通过适用简易程序或速裁等方式快速审结。

16. 推行示范性判决。对于事实基本相同、法律关系基本相同的案件，可以选择其中较为典型的个案先行审理，作出示范性裁判，为其他类似案件的审理与尽快审结提供范例。

17. 简化类案审理程序。判决后侵权人继续实施相同侵权行为，权利人再次起诉的，可以简化审理程序。基层法院一审的，可以适用简易程序；二审符合不开庭条件的，可以不开庭审理。

18. 探索中间判决。对于事实复杂、审理周期较长的案件，可以先行就权属关系、侵权认定等先决性争议作出中间判决，以尽快明确双方争议的主要事实，及时制止侵权行为。

19. 推行多元化技术事实查明机制。充分发挥技术专家、技术调查官等主体在技术事实查明中的作用，能够通过现场勘验、技术咨询、专家辅助人等方式快速、有效认定技术事实的，一般不启动技术鉴定程序。

坚持鉴定报告预先审查制度，在不影响鉴定机构独立鉴定的前提下，在正式鉴定报告出具前，可以从证据的有效性等方面先行审查，保证鉴定报告符合诉讼证据的形式要求。

20. 简化文书制作。经法院主持调解达成协议并即时履行的，经征询当事人同意，可以在法庭笔录中记录相关情况后不再出具裁判文书。对于事实清楚、法律适用简单的批量案件，可以探索采用令状式、要素式、表格式等简式

裁判文书，简化说理。

21. 建立中立评估机制。建立早期中立评估机制，发挥技术检索、大数据分析等专业平台以及技术专家在纠纷处理中的作用，对双方当事人在诉讼中可能存在的优、劣势，包括权利稳定性等内容进行初步评估，引导当事人理性维权。

## 五、加大惩处力度，破解“赔偿低”“再侵权”问题

22. 准确理解与适用法定赔偿方式。能够通过当事人提供的证据具体计算损害赔偿数额的，一般不适用法定赔偿方式。引导当事人及其诉讼代理人尽职调查收集证据，积极提供因侵权行为而产生的损失额、获利额，或者许可费标准等相关证据，避免过度依赖和采用法定赔偿方式。

23. 努力建立与知识产权市场价值相适应的侵权损害赔偿标准。坚持损害赔偿的市场价值导向，综合考虑因侵权行为导致的价格侵蚀，许可费，权利人商品（服务）、侵权商品（服务）或者同期同类商品（服务）的价格、利润率，商誉损失，可得利益损失，技术成果的研发成本及其对商品（服务）价值的贡献度等多方面因素，并尽可能细化并阐述赔偿标准，确定与知识产权市场价值相适应的侵权损害赔偿数额。

24. 侵权人公开的经营信息可以作为确定赔偿数额的依据。侵权人已经公开的商品销售或服务经营状况、纳税记录、营业收入或获利状况，以及其他经营业绩的信息，除该信息明显不符合常理或者侵权人提供证据推翻外，可以作为证明其侵权规模、经营业绩或获利状况等确定赔偿数额的相关依据。

25. 在法定赔偿额上限以上合理裁量赔偿数额。现有证据已经证明因侵权行为导致的权利人损失额或者侵权人获利额已经超过法定赔偿额最高限额的，应当根据当事人请求及现有证据，在法定赔偿额上限以上合理确定赔偿数额。

26. 积极适用惩罚性赔偿。有证据证明侵权人故意侵害知识产权的，可以根据侵权人主观恶意程度或侵权情节，适用惩罚性赔偿，以确定的补偿性损害赔偿数额为基数，在法定倍数范围内酌定损害赔偿数额。权利人维权支出的合理开支，不纳入计算基数。

前款所称“故意”包括侵权人在权利人发出侵权警告函或通知后无正当理由继续实施侵权行为；侵权人与权利人或其被许可人之间的代理、许可、合作关系终止后未经许可继续实施相关行为；侵权人不履行行为保全裁定继续实

施相关行为；侵权人在法院或行政机关对相同行为作出判决或处罚决定后继续实施相同侵权行为；侵权人以侵权为业，不断变换公司名称或新设立公司实施侵权行为；侵权人故意攀附驰名商标声誉抢注相同、近似商标或者实施其他商标侵权行为等情形。

对于尚未规定惩罚性赔偿制度的其他类型的故意侵权行为，适用法定赔偿时应当考虑惩罚性因素，根据侵权人主观恶意程度及侵权情节，提高赔偿数额。

27. 权利人可以主张诉讼期间持续侵权的损害赔偿数额。侵权行为在诉讼期间仍在持续，原告在一审法庭辩论终结前提出增加赔偿数额请求且提供相应证据的，可以根据查明的事实确定赔偿数额。

一审判决后侵权行为仍在持续，权利人上诉请求增加赔偿数额的，二审法院可以根据自愿原则予以调解。调解不成，且双方当事人同意由二审法院一并审理的，二审法院可以就增加的赔偿数额一并审理并判决。

28. 全面弥补权利人的合理费用支出。权利人的律师代理费支出，若无明显不合理因素的，应当支持。

权利人因诉讼发生的公告费、因申请保全提供担保发生的保险费，以及针对不当获得知识产权的过错方提起权属纠纷而发生的代理费等费用，可以作为合理费用主张。

权利人虽未能提交发票等证据证明其维权支出，但根据案件查明的事实，能够推定该项支出确已发生且系维权必要的，可以纳入合理费用范围。

合理费用原则上在侵权损害赔偿数额外单独考虑。

29. 民事损害赔偿优先于刑事罚金、行政罚款等。刑事没收非法所得、罚金或行政罚款等与民事损害赔偿不能兼顾时，优先保障民事案件权利人获得民事损害赔偿。

30. 加大对驰名商标的保护强度。在涉及驰名商标司法认定的案件中，涉案商标已经达到驰名商标的显著程度，尽管认定侵权成立无需以认定驰名商标为前提，但在适用损害赔偿等法律责任以及确定保护强度时可以认定涉案商标驰名的事实。

31. 实际控制人与实施侵权行为的公司承担共同侵权责任。公司实际控制人明知系侵害知识产权的行为，仍通过其实际控制的公司实施该侵权行为，符合共同侵权行为构成要件的，依法判决其与公司承担连带责任。

32. 销毁侵权材料、工具、专用设备及商品等。除判决侵权人承担停止侵权、赔偿损失等民事责任外，还可以根据权利人申请、现有证据以及现实可能性等因素责令侵权人限期销毁侵权商品（包括库存品）以及制造侵权商品的材料、工具、专用设备等，或者在特殊情况下，责令禁止前述材料、工具、专用设备等进入商业渠道；必要时可以责令限期召回已进入流通领域的侵权商品等。

33. 依法惩治拒不履行生效裁判的行为。侵权人拒不履行生效裁判确定的法律责任，持续实施相同侵权行为的，权利人可以再次提起新的诉讼，也可以要求对拒不执行裁判的行为采取强制措施。

34. 依法从重处理涉食药等商品的知识产权违法犯罪行为。对涉及食品、药品、危险品、种子等商品的知识产权侵权或犯罪行为，依法从重处理。

## 六、加大对恶意诉讼等行为的打击力度，强化诉讼诚信建设

35. 正确认识知识产权恶意诉讼。行为人明知其获得的知识产权不具有实质上的正当性，却以其形式上享有的知识产权为依据，以不正当竞争、妨碍对方正常经营等为目的，对他人提起知识产权诉讼，给他人造成损害的，系知识产权恶意诉讼。

36. 加强对知识产权恶意诉讼等行为的规制。对恶意诉讼、虚假诉讼者，以及恶意侵权、反复侵权、以侵权为业者、拒不履行生效裁判者，建立与公共信用服务平台对接机制，将其列入失信黑名单，向社会公开其不诚信行为；情节严重涉嫌犯罪的，应当依法移送犯罪线索。

一方当事人主张恶意利用诉讼程序方赔偿其因此而造成的直接损失、交易机会丧失等间接损失，以及增加的合理的交通、住宿、就餐、误工、证人出庭、公证、代理等必要费用的，应当支持。

# 解读——《江苏省高级人民法院关于实行最严格知识产权司法保护　为高质量发展提供司法保障的指导意见》

江苏省高级人民法院知识产权庭副庭长　汤茂仁

2019 年 8 月 6 日，江苏省高级人民法院审判委员会民事行政专业委员会第 2 次会议讨论通过了《江苏省高级人民法院关于实行最严格知识产权司法保护为高质量发展提供司法保障的指导意见》，明确了江苏法院实行最严格知识产权司法保护的导向与具体措施。现就该意见的相关内容作一简要解读。

1. 该意见出台的背景及过程是什么？

答：2018 年 4 月，习近平总书记在博鳌亚洲论坛年会上指出，加强知识产权保护是完善产权保护制度最重要的内容，也是提高中国经济竞争力最大的激励。他曾多次指出，中国将依法惩处侵犯知识产权行为，引入惩罚性赔偿制度，显著提高违法成本。2018 年 2 月，中办、国办下发了《关于加强知识产权审判领域改革创新若干问题的意见》。2019 年 7 月，中央深改委又专门审议通过了《关于强化知识产权保护的意见》。2018 年，江苏省委书记娄勤俭在视察省法院时提出，江苏法院要实行最严格知识产权司法保护。可以说，我国比以往任何时候都更加注重创新，也更加重视知识产权保护。实践证明，实行最严格知识产权司法保护也日益成为我国创新发展的内生需求。为此，我们必须在加大知识产权司法保护力度上调整思维、提档升级。因此，为应对国际国内形势发展对知识产权保护带来的新挑战、新要求，深入实施国家知识产权战略、创新驱动发展战略，营造公开透明可预期的法治营商环境，省法院于 2018 年在全省法院知识产权审判工作会议上提出了实行最严格知识产权司法保护的司法理念，并就在审判工作中如何贯彻这一司法理念展开调研，多次召开由知识产权权利人、代理机构、省内外专家学者、知识产权法官和企业家代表等参加的座谈会征询意见，在此基础上制定了《江苏省高级人民法院关于实行最严格知识产权司法保护为高质量发展提供司法保障的指导意见》，就实行最严格知识产权司法保护理念的总体要求，以及如何破解长期困扰知识产权保护的“举证难”“赔偿低”“周期长”等问题，提出了具体应对措施。

该意见吸收了社会各界加强知识产权司法保护的一些有益建议，以及中国法院加强知识产权司法保护的一些成熟有效的审判经验，反映了江苏法院多年来在这方面的积极探索与发展，具有较强的针对性、指导性和操作性。

2. 如何准确把握最严格知识产权司法保护的总体要求？

答：江苏法院知识产权司法保护理念经历了加强保护、严格保护到目前最严格保护的发展过程。最严格保护的司法理念是江苏高院适应当前江苏经济社会发展状况、科技创新能力以及对知识产权保护需求作出的重要决策。相比以往，最严格知识产权司法保护就是要通过综合运用多种措施与手段，对知识产权侵权行为特别是恶意侵权行为、重复侵权行为以及其他严重侵权行为，进一步加大司法惩处的力度，尽最大可能遏制侵权行为再发生，最大努力激发创新活力。

为此我们提出了创新导向、权利导向、惩罚导向、效率导向、诚信导向的总体要求。创新导向就是强调知识产权保护的强度与创新高度成正相关，重点加大对科技创新程度高的专利、商业秘密或其他技术成果，知名度高的商业标识，独创性程度高的作品等对象的保护力度。权利导向就是强调在当前形势下保护权利、打击侵权仍是主基调，在对法律漏洞进行填补或对法律条文、合同条款争议内容进行解释时，应当有利于保护权利。惩罚导向就是强调对于恶意侵权、重复侵权、群体侵权以及恶意诉讼、虚假诉讼行为等，综合运用行为保全、惩罚性赔偿、民事强制措施、失信黑名单等手段予以严厉打击。效率导向就是强调保护知识产权不仅在于保护的力度上，还在于要满足权利救济便捷高效的期待与诉求。诚信导向就是强调对于恶意利用诉讼程序妨碍权利救济等不诚信行为进行规制，及时保障真正创新者的权益，营造有利于创新的法治环境。

3. 如何有效利用诉讼保全措施，最大限度地阻却侵权行为继续进行？

答：诉讼保全包括财产保全、证据保全、行为保全。及时有效采取保全措施可以保障将来裁判的执行，防范证据灭失，及时制止侵权行为，防止给权利人造成难以弥补的损害。实践证明，诉讼保全是保障知识产权权利实现十分有效的措施之一。意见对于一般情况下及时审查保全申请、情况紧急的立即裁定并迅速采取保全措施等内容作了要求，并规定了具体适用情形。对于事实与法律适用疑难复杂、难以在短时间内作出判断的行为保全申请，强调要尽快通过组织听证、咨询专家等方式审慎审查，作出是否侵权的初步判断以及是否采取措施的决定。

该意见特别规定了法院作出一审判决或者中间判决不影响其采取行为保全措施，有效弥补了一审判决或中间判决停止侵权缺乏即时强制执行力的不足。值得注意的是，适用这一规定的前提是一审判决或者中间判决后，被告提起了上诉。如果未上诉，则一审责令停止侵权行为的判决（含中间判决）已经生效，此时无须再采取行为保全措施。因为被告提出上诉且仍持续实施被诉侵权行为，采取行为保全才有意义。还需要说明的是，上诉后，在二审法院接到报送的案件之前，仍由一审法院作出行为保全裁定并采取行为保全措施，这样既方便当事人提出申请，又便于法院迅速地采取措施。

为了防止在权属案件中，不当获得授权的当事人通过恶意放弃权利或者不交年费等方式来阻碍对方通过诉讼获取知识产权，意见规定可以根据当事人的申请对争议中的知识产权及时采取保全措施。

意见还对妨碍证据保全或财产保全以及拒不执行行为保全裁定的后果作了明确规定，从而保障法院禁令的有效实施。

4. 如何有效破解“举证难”问题？

答：由于知识产权客体的无形性、侵权行为的隐蔽性等特点，相比一般民事权利，知识产权的维权诉讼存在“举证难”的显著特征。为此，意见规定除了积极引导当事人如何举证外，可以及时依申请调查收集证据或者出具调查令，解决当事人因自身原因不能收集证据的困境。

意见对于目前已经国内法院裁判确认的依靠现代技术，如区块链、时间戳、TELNET等保全或获取的证据给予肯定。同时，意见对于证据披露和举证妨碍制度在知识产权审判中的运用作了规定。证据披露规则的适用体现在两方面：一是由被诉方掌握的工艺方法、财务账册等证据，法院可以依据权利人申请责令证据持有人提供；拒不提供的，可以依法作出对其不利的事实认定。二是关于侵权源头的证据。这是WTO中TRIPS协议的要求。该意见明确了销售商对于侵权产品的制造者身份负有披露义务，在被诉侵权人是制造者还是销售者身份不明时，其拒不提供产品来源信息的，可以认定其为制造者，由其承担制造商的法律责任。该规定对于深挖侵权源头并对此予以打击有积极意义。

该部分内容还明确了妨碍举证的法律后果和有效防范商业秘密在诉讼中被

不当泄露的措施，对于有效防范和规制当事人违反诚实信用原则拒绝提供证据、提供虚假证据等，以及通过诉讼泄露他人商业秘密等行为具有积极意义。

5. 如何有效破解审理“周期长”问题？

答：知识产权是有保护期限制的，同时产品本身也有市场生命周期，如药品、印花布等，新产品代替旧产品也是市场规律。因此，权利人对于权利救济的快速与高效有着迫切的内在需求。长期以来，一些知识产权案件审理周期较长，当事人“赢了官司、丢了市场”成为制约知识产权保护效果的一个顽疾。为此，意见对提高审判效率，保障权利救济便捷高效的机制及措施作了规定。

该意见明确了在知识产权诉讼中要充分发挥律师、专利代理人等专业人士在证据交换、质证等诉讼活动中的作用，辅助法官固定证据、认定事实。对于事实清楚、法律适用简单的案件，通过简易程序或速裁等方式快审快结；对于关联的批量案件可以通过示范性判决或简化审理程序方式处理；对于复杂案件，可以探索就权属关系、侵权认定等先决性争议作出中间判决的方式尽快解决争议。意见还规定了多元化技术事实查明机制，明确能够通过其他查明方式认定技术事实的，一般不启动技术鉴定的要求，防止技术鉴定周期过长，影响审判效率。同时，意见对简化文书制作，不需要制作文书情形以及探索采用令状式、要素式、表格式等简式文书样式，简化说理等作了规定。此外，还规定了建立中立评估机制，通过技术检索、大数据分析等专业平台的分析结果来引导当事人明了是非，理性维权，促使其尽早结束纷争。

6. 如何破解“赔偿低”以及有效防止“再侵权”问题？

答：目前，知识产权重复侵权现象仍然存在。主要原因在于侵权人法律意识淡漠，以及一些侵权行为的违法成本较低、利润空间大。必须构建严厉的责任承担与执行保障机制，特别是加大赔偿力度，显著提高侵权人的违法成本，让侵权人无利可图，“偷鸡不成、反蚀一把米”。意见从三方面作了规定以努力遏制侵权再发生。

一是加大损害赔偿额、显著提高侵权成本。意见明确了确立与知识产权市场价值相适应的侵权损害赔偿标准，积极引导当事人及其代理人尽职调查收集证据，具体计算损害赔偿数额，防止简单适用法定赔偿方式，防止其确定的赔偿额与知识产权市场价值或侵权情节不相适应。还特别规定了侵权人在审计报告、上市年报、纳税报告以及其他媒体上公开的经营信息，除明显不合常理或者侵权人未提供证据推翻的外，可以作为确定赔偿额的依据，从而大大减轻了权利人关于损害赔偿额的举证负担。意见对惩罚性赔偿的适用条件、具体计算方式及故意侵权的情形作了规定，明确惩罚性赔偿额的计算是以补偿性损害赔偿额为基数在法定倍数范围内确定，而且对于尚未规定惩罚性赔偿制度的其他类型的故意侵权行为也要考虑惩罚性因素，提高赔偿数额。该规定将大幅提升恶意侵权行为的赔偿数额，显著提高其侵权成本，有力打击恶意侵权行为。值得注意的是，对于权利人在一、二审期间提出增加赔偿数额请求的，意见根据现行民事诉讼法的规定原则上给予以了肯定。

该意见还就全面弥补权利人合理的维权支出作了规定，确立了律师费如无不合理因素全额支持以及合理费用在损害赔偿额外单独考虑的原则，特别是对于实践中争议的涉及公告费、因申请保全提供担保发生的保险费，权属纠纷中发生的代理费等费用是否应当纳入合理费用范畴由侵权人负担的问题作了明确，体现了对权利人利益最大化保护原则。

二是强化法律责任及执行保障机制。意见对传统驰名商标司法认定与保护的思路进行了拓展。以往，司法上强调如果无需认定驰名商标也能对原告权利给予保护的，一般不认定涉案商标为驰名商标。但依照该思路在认定侵权后确定民事赔偿及其他法律责任时无法体现对驰名商标的保护强度。为此，意见规定，虽然认定侵权时无需认定驰名商标，但不影响在确定法律责任时认定驰名商标并确定与驰名商标相适应的保护强度，使对驰名商标的保护力度与其价值相适应。

意见还对公司实际控制人通过其控制的公司或另设立的公司实施侵权行为与公司承担共同侵权责任作了规定，从而有力打击实际操控公司实施侵权行为者，最大限度地保障受侵害的权利。

意见还对侵权工具、物品的处置以及裁判的执行等内容作了规定。明确要根据权利人申请、现有证据以及现实可能性等因素责令侵权人限期销毁侵权商品（包括库存品）以及制造侵权产品的材料、工具、专用设备等，防止其进入商业渠道。同时，对于侵权人在生效判决停止侵权后，继续实施相同侵权行为的，是属于可诉的新发生的事实，还是属于拒不履行生效裁判的范畴，实践中存在争议。意见从有利于保障权利救济的角度，规定了权利人享有选择权，既可以再诉，也可以请求对拒不执行法院裁判的行为采取强制措施。

三是从重处理涉特定商品的知识产权违法犯罪行为。意见规定了依法从重处理涉食品、药品、危险品、种子等知识产权侵权或犯罪行为。对于此类犯罪行为，一般不适用缓刑。

7. 如何加大对恶意诉讼等行为的打击力度，强化诉讼诚信建设？

答：当前，知识产权案件中当事人以实施不正当竞争、拖延诉讼等目的的恶意诉讼、滥用诉讼程序的情形开始增多，不仅损害了真正权利人的权益，而且对现行诉讼秩序、知识产权制度造成冲击。对此，该意见明确界定了恶意取得知识产权并恶意提起知识产权诉讼的行为，同时在民事诉讼法的基础上，规定了对于恶意诉讼、虚假诉讼、故意或重大过失逾期提供证据、恶意申请行为保全等恶意利用诉讼程序的行为予以规制的措施，包括纳入失信记录、涉嫌犯罪的移送犯罪线索、在反赔诉讼中赔偿对方的直接损失、间接损失及发生的合理费用等。具体适用中，对于拒不履行或拒不协助履行生效裁判，故意或重大过失逾期提供证据等情形的，还应当视情节轻重依据民事诉讼法规定予以训诫、罚款或拘留。这些法律措施，将依法规制违反诚信诉讼原则的行为，净化创新环境和诉讼环境，保障知识产权制度良性发展。

来源：澎湃新闻网

## 山东省高级人民法院<br>关于印发企业破产案件审理规范指引（试行）的通知

2019 年 9 月 26 日　　　　鲁高法〔2019〕50 号

**各市中级人民法院：**

《山东省高级人民法院企业破产案件审理规范指引（试行）》已于 2019 年 8 月 5 日经省法院审判委员会全体会议 2019 年第 24 次（总第 24 次）会议讨论通过，现予以印发，请结合实际认真贯彻执行，执行中遇到的问题，请及时报告省法院民二庭。

## 山东省高级人民法院
# 企业破产案件审理规范指引（试行）

为进一步规范企业破产案件审理，明确人民法院和管理人职责，提高破产案件审判质效，公平清理债权债务，依据《中华人民共和国企业破产法》（以下简称企业破产法）、《中华人民共和国公司法》（以下简称公司法）、《中华人民共和国民事诉讼法》（以下简称民事诉讼法）及最高人民法院相关司法解释、会议纪要等规定，结合山东省破产审判工作实际，制定本指引。

## 第一章　申请和受理

### 第一节　案件管辖

**第一条**　企业破产案件由债务人住所地人民法院管辖。债务人住所地指债务人的主要办事机构所在地。债务人主要办事机构所在地难以确定的，由债务人注册登记地人民法院管辖。

注册地人民法院登记立案后裁定受理前，经审查发现债务人的主要办事机构所在地不在本院辖区，且该案件由债务人主要办事机构所在地人民法院管辖更有利于财产处置、节约破产成本的，可将案件移送债务人主要办事机构所在地同级别的人民法院处理。受移送的人民法院认为案件不属于本院管辖的，应当报请共同的上级法院指定管辖，不得再自行移送。

**第二条**　基层人民法院一般管辖县、县级市或者区的市场主体登记注册部门核准登记企业的破产案件；中级人民法院一般管辖设区的市级（含本级）以上的市场主体登记注册部门核准登记企业的破产案件。

纳入国家计划调整的企业、金融机构、上市公司破产案件，由中级人民法院管辖。

**第三条**　中级人民法院确有必要将本院管辖的企业破产案件移交基层人民法院审理的，应当报请高级人民法院批准。中级人民法院有权审理下级人民法院管辖的企业破产案件。基层法院对其管辖的企业破产案件，认为需要由中级人民法院审理的，可以报请中级人民法院审理。

**第四条** 因管辖企业合并破产等特殊原因需调整案件管辖的，应报请共同上级人民法院指定管辖。

**第五条** 关联企业合并破产案件，由关联企业中的核心控制企业住所地人民法院管辖。核心控制企业不明确的，由关联企业主要财产所在地人民法院管辖。多个法院之间对管辖权发生争议的，应当报请共同的上级人民法院指定管辖。

**第六条** 执行案件移送破产审查，由被执行人住所地中级人民法院管辖为原则、基层人民法院管辖为例外。中级人民法院可以根据辖区两级法院企业破产审判力量，合理分配审判任务，自主决定执行移送破产审查案件是否移交基层人民法院审理，无需报高级人民法院批准。

**第七条** 人民法院受理破产申请后，有关债务人的民事诉讼，只能向受理破产申请的人民法院提起。

受理破产申请的人民法院管辖的有关债务人的第一审民事案件，可以依据民事诉讼法第三十八条的规定，由上级人民法院提审，或者报请上级人民法院批准后交下级人民法院审理。

受理破产申请的人民法院，如对有关债务人的海事纠纷、专利纠纷、证券市场因虚假陈述引发的民事赔偿纠纷等案件不能行使管辖权的，可以依据民事诉讼法第三十七条规定，请求上级人民法院指定管辖。

破产程序终结后，有关债务人的民事诉讼，不再适用企业破产法第二十一条集中管辖的规定。

**第八条** 当事人之间在破产申请受理前订立有仲裁条款或者仲裁协议的，人民法院受理破产申请后，有关债务人的仲裁条款或者仲裁协议的效力不受影响。

### 第二节 破产原因

**第九条** 企业法人不能清偿到期债务，并且具有下列情形之一的，人民法院应当认定其具备破产原因：

（一）资产不足以清偿全部债务；

（二）明显缺乏清偿能力。

企业法人有前款规定情形，或者有明显丧失清偿能力可能的，可以依法进行重整。

相关当事人以对债务人的债务负有连带责任的人未丧失清偿能力为由，主张债务人不具备破产原因的，人民法院不予支持。

**第十条** 下列情形同时存在的，人民法院应当认定债务人不能清偿到期债务：

（一）债权债务关系依法成立；

（二）债务履行期限已经届满；

（三）债务人未完全清偿债务。

**第十一条** 债务人的资产负债表，或者审计报告、资产评估报告等显示其全部资产不足以偿付全部负债的，人民法院应当认定债务人资产不足以清偿全部债务，但有相反证据足以证明债务人资产能够偿付全部负债的除外。

**第十二条** 债务人账面资产虽大于负债，但存在下列情形之一的，人民法院应当认定其明显缺乏清偿能力：

（一）因资金严重不足或者财产不能变现等原因，无法清偿债务；

（二）法定代表人下落不明且无其他人员负责管理财产，无法清偿债务；

（三）经人民法院强制执行，无法清偿债务；

（四）长期亏损且经营扭亏困难，无法清偿债务；

（五）导致债务人丧失清偿能力的其他情形。

### 第三节 破产主体

**第十三条** 申请（被申请）破产的债务人应当具有企业法人资格。

**第十四条** 合伙企业、民办学校、农民专业合作社、个人独资企业以及相关法律规定的企业法人以外的组织的清算，可以参照适用破产清算程序。

### 第四节 破产申请主体

**第十五条** 债务人具备破产原因的，可以向人民法院提出破产清算、重整或者和解申请。

**第十六条** 债务人不能清偿到期债务，债权人可以向人民法院提出对债务人进行重整或者破产清算申请。

**第十七条** 企业法人已解散但未清算或者未清算完毕，资产不足以清偿债务的，依法负有清算责任的人应当向人民法院申请破产清算。

公司自行清算或者强制清算的清算组，发现公司财产不足清偿债务的，可以与债权人协商制作债务清偿方案。债权人对债务清偿方案不予确认或者人民法院不予认可的，清算组应当依法向人民法院申请宣告破产。

**第十八条** 债务人欠缴税款、社会保险费用的，税务部门、社保部门可以向人民法院申请债务人破产。国务院金融监督管理机构可以依法对金融机构提出重整或者破产清算申请。

**第十九条** 关联企业不当利用关联关系，导致关联企业成员之间法人人格高度混同，损害债权人公平受偿利益的，关联企业成员、关联企业成员的债权人、关联企业成员的清算义务人、已经进入破产程序的关联企业成员的管理人，可以向人民法院提出对关联企业进行合并破产的申请。

### 第五节 审查受理

**第二十条** 申请人向人民法院申请债务人破产，应当选择适用重整、和解或者破产清算程序。未明确具体破产程序的，人民法院应当予以释明。

人民法院受理案件之前又有其他申请人提出不同类型的破产申请的，人民法院应当召开听证会，组织各申请人协商确定具体的破产程序。协商不成的，人民法院应当根据债务人的实际情况，依法受理相应的破产申请。

**第二十一条** 债务人提出申请的，应当向人民法院提交以下资料：

（一）书面破产申请书；

（二）债务人主体资格证明以及法定代表人或者主要负责人证明文件；

债务人公司章程；

债务人股东会或股东大会、董事会或者其他依法履行出资义务的人同意申请破产的决议文件；

债务人为国有独资或者控股公司，还应当提交出资机构同意申请破产的文件以及企业工会或者职工代表大会对企业申请破产的意见；

财产状况说明；

（三）债务清册、债权清册；

（四）有关财务会计报告；

（五）职工安置预案以及职工工资的支付和社会保险费用的缴纳情况；

（六）其他与破产有关的资料。

**第二十二条** 债权人向人民法院申请债务人破产，应当提交以下材料：

（一）书面破产申请书；

（二）债权人的主体资格证明；

（三）债务人的基本情况；

（四）债务人不能清偿到期债务的证据；

（五）其他与破产有关的资料。

**第二十三条** 清算责任人申请债务人破产清算时应当提交的材料：

（一）书面破产申请书；

（二）债务人主体资格证明；

（三）清算责任人的基本情况或者清算组成立的文件；

（四）债务人解散的证明材料；

（五）债务人资产不足以清偿全部债务的财务报告或者清算报告；

（六）债务清册、债权清册；

（七）职工安置预案以及职工工资的支付和社会保险费用的缴纳情况；

（八）其他与破产有关的资料。

**第二十四条** 破产申请书应当载明下列事项：

（一）申请人、被申请人的基本情况；

（二）申请目的；

（三）申请的事实和理由；

（四）人民法院认为应当载明的其他事项。

**第二十五条** 人民法院收到破产申请材料的，应当由立案部门接收并向申请人出具书面凭证。立案部门经审查，认为申请人提交的材料符合规定的，以“破申”作为案件类型代字编制案号登记立案，并向申请人送达立案通知书。

申请人提交的申请材料不完备或者不符合规定的，立案部门应予释明，并以书面形式告知当事人在指定期限内补充、补正。补充、补正期间不计入审查期限。申请人未按要求补充、补正的，不予登记立案。

**第二十六条** 立案部门登记立案后，应当将案件相关信息登记在全国企业破产重整案件信息网，并及时将案件材料移送破产审判部门进行审查。

**第二十七条** 破产审判部门收到案件材料后应当组成合议庭进行审查是否受理，审查受理后一般应当由同一合议庭进行审理。

对于债权债务关系明确、债权人人数较少以及债务人无资产或者资产较少的破产案件，基层法院也可由一名法官独任审查并审理。

**第二十八条** 债权人提出破产申请的，人民法院应当自立案之日起五日内通知债务人。债务人对申请有异议的，应当自收到人民法院的通知之日起七日内向人民法院提出。人民法院应当自异议期满之日起十日内裁定是否受理。

除前款规定的情形外，人民法院应当自立案之日起十五日内裁定是否受理。有特殊情况需要延长前两款规定的裁定受理期限的，经上一级人民法院批准，可以延长十五日。

**第二十九条**　债权人提出破产申请的，人民法院按照债权人提供的联系方式及通过公开查询的联系方式均无法通知债务人的，为确保案件受理审查程序及时推进，可在债务人住所地张贴破产申请书及立案通知书，并通过全国企业破产重整案件信息网或者山东省高级人民法院网络公开平台予以公示。自张贴及公示之日起，经过七日即视为送达。

**第三十条**　债务人对债权人提出的破产申请提出异议的，人民法院根据案件具体情况，可以组织债权人、债务人对破产申请是否受理进行听证。债务人的出资人、法定代表人、财务人员、职工代表和已知的主要债权人等利害关系人可以申请参加，人民法院还可以邀请债务人所在地政府有关部门参加听证并听取意见。

经书面通知，申请人无正当理由拒不参加听证的，按撤回破产申请处理。其他人员未按期参加听证的，不影响听证的进行。

**第三十一条**　债权人对人员下落不明或者财产状况不清的债务人申请破产清算，符合企业破产法规定的，人民法院应当依法予以受理。

债务人能否依据企业破产法第十一条第二款的规定向人民法院提交财产状况说明、债权债务清册等相关材料，不影响对债权人申请的受理。

**第三十二条**　企业法人已解散但未清算或者未在合理期限内清算完毕，债权人申请债务人破产清算的，除债务人在法定异议期限内举证证明其未出现破产原因外，人民法院应当受理。

**第三十三条**　人民法院受理破产申请前，申请人请求撤回申请的，可予准许。

**第三十四条**　破产审判部门审查完毕后，仍然以“破申”作为案件类型代字，裁定受理或者不予受理破产申请。案件受理信息应当在全国企业破产重整案件信息网进行登记。

裁定应当自作出之日起五日内送达申请人。债权人提出申请的，还应在五日内向债务人送达。

**第三十五条** 申请人对不予受理破产申请的裁定不服的，可以自裁定送达之日起十日内向上一级人民法院提起上诉。

上一级人民法院应以“破终”作为案件类型代字编制案号，并在三十日内作出二审裁定。原审裁定正确的，二审裁定维持；原审裁定错误的，二审应撤销原裁定，同时指令一审人民法院裁定受理破产申请，并注明“本裁定为终审裁定并自即日起生效”。

**第三十六条** 人民法院受理破产申请后至破产宣告前，经审查发现债务人不符合企业破产法第二条规定情形的，可以裁定驳回申请。申请人对裁定不服的，可以自裁定送达之日起十日内向上一级人民法院提起上诉。二审审查的程序参照适用裁定不予受理的二审审查程序。

**第三十七条** 人民法院拒不接收申请人提出的破产申请，或者逾期未作出是否受理破产申请裁定的，申请人可以向上一级人民法院提出破产申请。上一级人民法院接到破产申请后，应当责令下级法院依法审查并及时作出是否受理的裁定；下级法院仍不作出是否受理裁定的，上一级人民法院可以径行作出裁定。

上一级人民法院裁定受理破产申请的，可以自行审理，也可以指令下级人民法院审理该案件。破产案件受理日为上一级人民法院裁定落款日期。

### 第六节　受理后的处理

**第三十八条** 人民法院裁定受理破产申请后，应当依据该裁定，以“破”作为案件类型代字编制案号，启动案件审理程序。

上一级人民法院指令受理的，直接以“破”作为案件类型代字编制案号，启动案件审理程序。

**第三十九条** 人民法院裁定受理破产申请的，应当及时指定管理人。

**第四十条** 自人民法院受理破产申请的裁定送达债务人之日起至破产程序终结之日，应通知债务人的有关人员承担下列义务：

（一）妥善保管其占有和管理的财产、印章和账簿、文书等资料；

（二）根据人民法院、管理人的要求进行工作，并如实回答询问；

（三）列席债权人会议并如实回答债权人的询问；

（四）未经人民法院许可，不得离开住所地；

（五）不得新任其他企业的董事、监事、高级管理人员。

前款所称有关人员，是指企业的法定代表人；经人民法院决定，可以包括企业的财务管理人员和其他经营管理人员。

**第四十一条**　人民法院裁定受理债权人破产申请的，应当通知债务人自裁定送达之日起十五日内，向人民法院提交财产状况说明、债务清册、债权清册、有关财务会计报告以及职工工资的支付和社会保险费用的缴纳情况。通知中应一并告知债务人“如拒不提交，人民法院可以对债务人的直接责任人员采取罚款等强制措施”等法律后果。

**第四十二条**　人民法院应当自裁定受理破产申请之日起二十五日内通知已知债权人，并予以公告。

通知和公告应当载明下列事项：

（一）申请人、被申请人的名称或者姓名；

（二）人民法院受理破产申请的时间；

（三）申报债权的期限、地点和注意事项；

（四）管理人的名称或者姓名及其处理事务的地址；

（五）债务人的债务人或者财产持有人应当向管理人清偿债务或者交付财产的要求；

（六）第一次债权人会议召开的时间和地点；

（七）人民法院认为应当通知和公告的其他事项。

**第四十三条**　人民法院裁定受理破产申请后，应当在十五日内将裁定书、指定管理人决定书送达以下单位并通知其协助履行相关义务：

（一）通知债务人的开户银行立即停止债务人的账户支出；

（二）通知债务人注册登记、不动产登记、劳动保障等部门配合管理人提供有关债务人的信息及其他事项；

（三）通知公安部门为管理人刻制管理人印章，以便管理人设立管理人账户及开展相关工作。

**第四十四条**　自受理裁定作出之日起，除因破产程序需要对债务人财产采取保全措施外，人民法院不得对债务人的财产采取新的保全措施。

管理人接受指定后，受理破产申请的人民法院应指导、监督管理人及时向采取保全措施的行政机关或者司法机关等相关单位发出解除保全措施的通知，并附破产申请受理裁定。采取保全措施的相关单位接到通知后，应当及时解除保全措施，同时通知管理人，并将财产移交管理人接管。

采取保全措施的法院经通知拒不依法解除保全措施的，受理破产申请的人民法院可以层报共同上级人民法院。上级人民法院认为符合解除保全措施条件的，应当通知采取保全措施的法院予以解除。

采取保全措施的其他相关单位经通知拒不依法解除保全措施的，受理破产申请的人民法院可以层报上级人民法院予以协调解决。

**第四十五条** 自人民法院作出受理破产申请裁定之日起，已经开始但尚未完毕的针对债务人财产的执行程序应当中止。

管理人接受指定后，人民法院应指导、监督管理人及时向有关法院发出中止执行程序的通知，并附破产申请受理裁定。

执行法院经通知拒不依法中止执行程序的，受理破产申请的人民法院可以层报共同上级人民法院。上级人民法院认为符合中止执行条件的，应当通知执行法院中止执行程序。

**第四十六条** 破产申请受理后，对于可能因有关利益相关人的行为或者其他原因，影响破产程序依法进行的，受理破产申请的人民法院可以根据管理人的申请或者依职权对债务人的全部或者部分财产采取保全措施。

**第四十七条** 人民法院受理破产申请后至破产宣告前裁定驳回破产申请，或者依据企业破产法第一百零八条的规定裁定终结破产程序的，应当及时通知原已采取保全措施并已依法解除保全措施的单位按照原保全顺位恢复相关保全措施。

在已依法解除保全的单位恢复保全措施或者表示不再恢复之前，受理破产申请的人民法院不得解除对债务人财产的保全措施。

**第四十八条** 人民法院受理破产申请后，已经开始而尚未终结的有关债务人的民事诉讼或者仲裁应当中止。受理破产的法院应当督促管理人及时通知相关法院中止诉讼，在管理人接管债务人的财产后，该诉讼或者仲裁继续进行。

已经受理而尚未终结的以债务人为被告的债权给付之诉，应当变更为债权确认之诉。

**第四十九条** 人民法院受理破产申请后，应当指导和监督管理人作为诉讼代表人参加有关债务人的民事诉讼。

管理人依据企业破产法第十六条提起的请求撤销个别清偿行为之诉，依据企业破产法第三十一条、第三十二条提起的破产撤销权之诉，以及依据企业破产法第三十三条提起的确认债务人行为无效之诉，应当由管理人作为原告。

## 第二章 债务人财产

### 第一节 债务人财产的认定

**第五十条** 人民法院应当指导管理人准确把握债务人财产范围：

（一）破产申请受理时属于债务人的全部财产；

（二）破产申请受理后至破产程序终结前债务人取得的财产；

（三）管理人因行使撤销权、追回权、取回权等取得的财产。

**第五十一条** 债务人为自己或者他人的债务依法设定担保物权的特定财产，人民法院应认定为债务人财产。

设定担保物权的特定财产在担保物权消灭或者实现担保物权后的剩余部分，在破产程序中可用以清偿破产费用、共益债务和其他破产债权。

**第五十二条** 债务人与他人共有的物、债权、知识产权等财产或者财产权益，应当在破产中予以分割，债务人分割所得属于债务人财产；共有财产不能分割的，应当就其应得部分转让，转让所得属于债务人财产。

人民法院宣告债务人破产清算，属于共有财产分割的法定事由。人民法院裁定债务人重整或者和解的，共有财产的分割应当依据《中华人民共和国物权法》第九十九条的规定进行；基于重整或者和解的需要必须分割共有财产，管理人请求分割的，人民法院应予准许。

因分割共有财产导致其他共有人损害产生的债务，其他共有人请求作为共益债务清偿的，人民法院应予支持。

**第五十三条** 债务人的对外投资及其收益属于债务人财产。

管理人在清理债务人对外投资时，不得以该投资价值为负或者为零而不予清理。

**第五十四条** 人民法院裁定受理破产申请时已经扣划到执行法院账户但尚未支付给申请执行人的款项，仍属于债务人财产，人民法院裁定受理破产申请后，执行法院应当中止对该财产的执行。

执行法院收到管理人中止执行的通知及破产法院破产受理裁定后，应当立即停止将已经执行的债务人财产分配给申请执行人，并及时告知申请执行人依法向管理人申报相关债权。因错误执行和分配的财产应当执行回转，在执行回转后列入债务人财产。

执行法院在中止执行后七日内应当将执行破产企业财产处置情况及分配清单、剩余未处置及未分配的银行存款、实际扣押的动产、有价证券等债务人财产移交给受理破产案件的法院或者管理人。

**第五十五条** 破产企业以划拨方式取得的国有土地使用权不属于破产财产。但是经政府有关部门批准，已经作为企业注册资本登记的，应属于破产财产。

以划拨方式取得的国有土地使用权及其地上建筑物设定抵押的，就该抵押物拍卖的价款，应当先缴纳国家收取的土地使用权出让金。

## 第二节　债务人财产的追收

**第五十六条** 人民法院受理破产申请后，债务人对个别债权人的债务清偿无效。已经清偿的，人民法院应当督促管理人及时向受偿债权人追回。

**第五十七条** 人民法院受理破产申请后，管理人应当通知债务人的债务人或者财产持有人向管理人清偿债务或者交付财产。

债务人的债务人或者财产持有人故意违反前款规定向债务人清偿债务或者交付财产，使债权人受到损失的，不免除其清偿债务或者交付财产的义务。

**第五十八条** 管理人依据企业破产法第三十一条和第三十二条的规定提起诉讼，请求撤销涉及债务人财产的相关行为并由相对人返还债务人财产的，人民法院应予支持。

管理人因过错未依法行使撤销权导致债务人财产不当减损，债权人提起诉讼主张管理人对其损失承担相应赔偿责任的，人民法院应予支持。

破产申请受理后，管理人未依据企业破产法第三十一条规定请求撤销债务人无偿转让财产、以明显不合理价格交易、放弃债权行为的，债权人有权依据《中华人民共和国合同法》第七十四条等规定行使撤销权，并将因此追回的财产归入债务人财产。

**第五十九条** 管理人依据企业破产法第三十三条的规定提起诉讼，主张被隐匿、转移财产的实际占有人返还债务人财产，或者主张债务人虚构债务或者承认不真实债务的行为无效并返还债务人财产的，人民法院应予支持。

**第六十条** 债务人有企业破产法第三十一条、第三十二条、第三十三条规定的行为，损害债权人利益的，管理人应当以债务人的法定代表人和其他直接责任人员对所涉债务人财产的相关行为存在故意或者重大过失，造成债务人财产损失为由，要求其承担赔偿责任。

**第六十一条** 人民法院受理破产申请后，债务人的出资人尚未完全履行出资义务或者抽逃出资的，管理人应当要求该出资人缴付未履行的出资或者返还抽逃的出资本息。出资人以出资期限尚未届满或者超过诉讼时效为由抗辩的，不予支持。

管理人依据公司法的相关规定代表债务人提起诉讼，主张公司的发起人和负有监督股东履行出资义务的董事、高级管理人员，或者协助抽逃出资的其他股东、董事、高级管理人员、实际控制人等，对股东违反出资义务或者抽逃出资承担相应责任，并将财产归入债务人财产的，人民法院应予支持。

**第六十二条** 债务人有企业破产法第二条第一款规定的情形时，债务人的董事、监事和高级管理人员利用职权获取的以下收入，人民法院应当认定为企业破产法第三十六条规定的非正常收入：

（一）绩效奖金；

（二）普遍拖欠职工工资情况下获取的工资性收入；

（三）其他非正常收入。

债务人的董事、监事和高级管理人员拒不向管理人返还上述债务人财产，管理人主张上述人员予以返还的，人民法院应予支持。

债务人的董事、监事和高级管理人员因返还本条第一款第一项、第三项非正常收入形成的债权，可以作为普通破产债权清偿。因返还本条第一款第二项非正常收入形成的债权，依据企业破产法第一百一十三条第三款的规定，按照该企业职工平均工资计算的部分作为拖欠职工工资清偿；高出该企业职工平均工资计算的部分，可以作为普通破产债权清偿。

**第六十三条** 债务人的董事、监事和高级管理人员利用职权侵占的企业财产，管理人应当追回。

**第六十四条** 人民法院受理破产申请后，管理人可以通过清偿债务或者提供债权人接受的担保，取回质物、留置物。

前款规定的债务清偿或者替代担保，在质物或者留置物的价值低于被担保的债权额时，以该质物或者留置物当时的市场价值为限。

**第六十五条** 债务人对外享有债权的诉讼时效，自人民法院受理破产申请之日起中断。债务人无正当理由未对其到期债权及时行使权利，导致其对外债权在破产申请受理前一年内超过诉讼时效期间的，人民法院受理破产申请之日起重新计算上述债权的诉讼时效期间。

### 第三节　非债务人财产的认定

**第六十六条**　下列财产不应认定为债务人财产：

（一）债务人基于仓储、保管、承揽、代销、借用、寄存、租赁等合同或者其他法律关系占有、使用的他人财产；

（二）债务人在所有权保留买卖中尚未取得所有权的财产；

（三）所有权专属于国家且不得转让的财产；

（四）其他依照法律、行政法规不属于债务人的财产。

**第六十七条**　人民法院受理破产申请后，债务人占有的不属于债务人的财产，该财产的权利人可以通过管理人取回。但是，企业破产法另有规定的除外。

**第六十八条**　权利人依据企业破产法第三十八条的规定行使取回权，应当在破产财产变价方案或者和解协议、重整计划草案提交债权人会议表决前向管理人提出。权利人在上述期限后主张取回相关财产的，应当承担延迟行使取回权增加的相关费用。

**第六十九条**　权利人行使取回权时未依法向管理人支付相关的加工费、保管费、托运费、委托费、代销费等费用，管理人拒绝其取回相关财产的，人民法院应予支持。

**第七十条**　对债务人占有的权属不清的鲜活易腐等不易保管的财产或者不及时变现价值将严重贬损的财产，管理人及时变价并提存变价款后，有关权利人就该变价款行使取回权的，人民法院应予支持。

**第七十一条**　债务人占有的他人财产被违法转让给第三人，第三人构成善意取得，原权利人无法取回该财产的，若转让行为发生在破产申请受理前，原权利人因财产损失形成的债权，作为普通破产债权清偿；若转让行为发生在破产申请受理后，因管理人或者相关人员执行职务导致原权利人损害产生的债务，作为共益债务清偿。

第三人不构成善意取得，但已向债务人支付转让价款的，原权利人可依法追回转让财产。对因第三人已支付对价而产生的债务，若转让行为发生在破产申请受理前，作为普通破产债权清偿；若转让行为发生在破产申请受理后，作为共益债务清偿。

**第七十二条** 债务人占有的他人财产毁损、灭失，因此获得的保险金、赔偿金、代偿物尚未交付给债务人，或者代偿物虽已交付给债务人但能与债务人财产予以区分的，权利人主张取回就此获得的保险金、赔偿金、代偿物的，应予支持。

保险金、赔偿金已经交付给债务人，或者代偿物已经交付给债务人且不能与债务人财产予以区分的，若财产毁损、灭失发生在破产申请受理前，权利人因财产损失形成的债权，作为普通破产债权清偿；若财产毁损、灭失发生在破产申请受理后，因管理人或者相关人员执行职务导致权利人损害产生的债务，作为共益债务清偿。

债务人占有的他人财产毁损、灭失，没有获得相应的保险金、赔偿金、代偿物，或者保险金、赔偿物、代偿物不足以弥补其损失的部分，应当按照本条第二款的规定处理。

**第七十三条** 管理人或者相关人员在执行职务过程中，因故意或者重大过失不当转让他人财产或者造成他人财产毁损、灭失，导致他人损害产生的债务作为共益债务，由债务人财产随时清偿不足弥补损失，权利人向管理人或者相关人员主张承担补充赔偿责任的，人民法院应予支持。

上述债务作为共益债务由债务人财产随时清偿后，债权人以管理人或者相关人员执行职务不当导致债务人财产减少给其造成损失为由提起诉讼，主张管理人或者相关人员承担相应赔偿责任的，人民法院应予支持。

**第七十四条** 买卖合同双方当事人在合同中约定标的物所有权保留，在标的物所有权未依法转移给买受人前，一方当事人破产的，该买卖合同属于双方均未履行完毕的合同，管理人有权依据企业破产法第十八条的规定决定解除或者继续履行合同。

**第七十五条** 出卖人破产，其管理人决定继续履行所有权保留买卖合同的，买受人应当按照原买卖合同的约定支付价款或者履行其他义务。

买受人未依约支付价款或者履行完毕其他义务，或者将标的物出卖、出质或者作出其他不当处分，给出卖人造成损害，出卖人管理人依法主张取回标的物的，人民法院应予支持。但是，买受人已经支付标的物总价款百分之七十五以上或者第三人善意取得标的物所有权或者其他物权的除外。

因本条第二款规定未能取回标的物，出卖人管理人依法主张买受人继续支付价款、履行完毕其他义务，以及承担相应赔偿责任的，人民法院应予支持。

**第七十六条** 出卖人破产，其管理人决定解除所有权保留买卖合同，并依据企业破产法第十七条的规定要求买受人向其交付买卖标的物的，人民法院应予支持。

买受人以其不存在未依约支付价款或者履行完毕其他义务，或者将标的物出卖、出质或者作出其他不当处分情形抗辩的，人民法院不予支持。

买受人依法履行合同义务并依据本条第一款将买卖标的物交付出卖人管理人后，买受人已支付价款损失形成的债权作为共益债务清偿。但是，买受人违反合同约定，出卖人管理人主张上述债权作为普通破产债权清偿的，人民法院应予支持。

**第七十七条** 买受人破产，其管理人决定继续履行所有权保留买卖合同的，原买卖合同中约定的买受人支付价款或者履行其他义务的期限在破产申请受理时视为到期，买受人管理人应当及时向出卖人支付价款或者履行其他义务。

买受人管理人无正当理由未及时支付价款或者履行完毕其他义务，或者将标的物出卖、出质或者作出其他不当处分，给出卖人造成损害，出卖人依据合同法第一百三十四条等规定主张取回标的物的，人民法院应予支持。但是，买受人已支付标的物总价款百分之七十五以上或者第三人善意取得标的物所有权或者其他物权的除外。

因本条第二款规定未能取回标的物，出卖人依法主张买受人继续支付价款、履行完毕其他义务，以及承担相应赔偿责任的，人民法院应予支持。对因买受人未支付价款或者未履行完毕其他义务，以及买受人管理人将标的物出卖、出质或者作出其他不当处分导致出卖人损害产生的债务，出卖人主张作为共益债务清偿的，人民法院应予支持。

**第七十八条** 买受人破产，其管理人决定解除所有权保留买卖合同，出卖人依据企业破产法第三十八条的规定主张取回买卖标的物的，人民法院应予支持。

出卖人取回买卖标的物，买受人管理人主张出卖人返还已支付价款的，人民法院应予支持。取回的标的物价值明显减少给出卖人造成损失的，出卖人可从买受人已支付价款中优先予以抵扣后，将剩余部分返还给买受人；对买受人已支付价款不足以弥补出卖人标的物价值减损损失形成的债权，出卖人主张作为共益债务清偿的，人民法院应予支持。

**第七十九条** 人民法院受理破产申请时，出卖人已将买卖标的物向作为买受人的债务人发运，债务人尚未收到且未付清全部价款的，出卖人可以取回在运途中的标的物。但是，管理人可以支付全部价款，请求出卖人交付标的物。

**第八十条** 出卖人依据企业破产法第三十九条的规定，通过通知承运人或者实际占有人中止运输、返还货物、变更到达地，或者将货物交给其他收货人等方式，对在运途中标的物主张了取回权但未能实现，或者在货物未达管理人前已向管理人主张取回在运途中标的物，在买卖标的物到达管理人后，出卖人向管理人主张取回的，管理人应予准许。

出卖人对在运途中标的物未及时行使取回权，在买卖标的物到达管理人后向管理人行使在运途中标的物取回权的，管理人不应准许。

**第八十一条** 债务人重整期间，权利人要求取回债务人合法占有的权利人的财产，不符合双方事先约定条件的，人民法院不予支持。但是，因管理人或者自行管理的债务人违反约定，可能导致取回物被转让、毁损、灭失或者价值明显减少的除外。

### 第四节 破产抵销权

**第八十二条** 债权人在破产申请受理前对债务人负有债务的，可以向管理人主张抵销。但是，有下列情形之一的，不得抵销：

（一）债务人的债务人在破产申请受理后取得他人对债务人的债权的；

（二）债权人已知债务人有不能清偿到期债务或者破产申请的事实，对债务人负担债务的；但是，债权人因为法律规定或者有破产申请一年前所发生的原因而负担债务的除外；

（三）债务人的债务人已知债务人有不能清偿到期债务或者破产申请的事实，对债务人取得债权的；但是，债务人的债务人因为法律规定或者有破产申请一年前所发生的原因而取得债权的除外。

**第八十三条** 债权人依据本指引第八十二条的规定行使抵销权，应当向管理人提出抵销主张。

管理人不得主动抵销债务人与债权人的互负债务，但抵销使债务人财产受益的除外。

**第八十四条** 管理人收到债权人提出的主张债务抵销的通知后，经审查无异议的，抵销自管理人收到通知之日起生效。

管理人对抵销主张有异议的，应当在约定的异议期限内或者自收到主张债务抵销的通知之日起三个月内向人民法院提起诉讼。无正当理由逾期提起的，人民法院不予支持。

人民法院判决驳回管理人提起的抵销无效诉讼请求的，该抵销自管理人收到主张债务抵销的通知之日起生效。

**第八十五条** 债权人主张抵销，管理人以下列理由提出异议的，人民法院不予支持：

（一）破产申请受理时，债务人对债权人负有的债务尚未到期；

（二）破产申请受理时，债权人对债务人负有的债务尚未到期；

（三）双方互负债务标的物种类、品质不同。

**第八十六条** 破产申请受理前六个月内，债务人有企业破产法第二条第一款规定的情形，债务人与个别债权人以抵销方式对个别债权人清偿，其抵销的债权债务属于企业破产法第四十条第（二）、（三）项规定的情形之一，管理人在破产申请受理之日起三个月内向人民法院提起诉讼，主张该抵销无效的，人民法院应予支持。

**第八十七条** 企业破产法第四十条所列不得抵销情形的债权人，主张以其对债务人特定财产享有优先受偿权的债权，与债务人对其不享有优先受偿权的债权抵销，债务人管理人以抵销存在企业破产法第四十条规定的情形提出异议的，人民法院不予支持。但是，用以抵销的债权大于债权人享有优先受偿权财产价值的除外。

**第八十八条** 债务人的股东主张以下列债务与债务人对其负有的债务抵销，债务人管理人提出异议的，人民法院应予支持：

（一）债务人股东因欠缴债务人的出资或者抽逃出资对债务人所负的债务；

（二）债务人股东滥用股东权利或者关联关系损害公司利益对债务人所负的债务。

## 第三章　债权申报、审核及确认

**第八十九条** 人民法院受理破产申请时对债务人享有债权的债权人，依照企业破产法规定的程序申报债权，行使权利。

债权人未依照企业破产法规定申报债权的，不得依照企业破产法规定的程序行使权利。

**第九十条** 人民法院受理破产申请后，应当确定债权人申报债权的期限。债权申报期限自人民法院发布受理破产申请公告之日起计算，最短不得少于三十日，最长不得超过三个月。债权人应当在人民法院确定的债权申报期限内向管理人申报债权。

**第九十一条** 在人民法院确定的债权申报期限内，债权人未申报债权的，可以在破产财产最后分配前补充申报；但是，此前已进行的分配，不再对其补充分配。为审查和确认补充申报债权的费用，由补充申报人承担，费用标准可以综合审查确认难易程度、逾期时间、逾期申报对破产工作的影响等因素加以确定。

**第九十二条** 债务人所欠职工的工资和医疗、伤残补助、抚恤费用，所欠的应当划入职工个人账户的基本养老保险、基本医疗保险费用，以及法律、行政法规规定应当支付给职工的补偿金，不必申报，由管理人调查后列出清单并予以公示。

职工对清单记载有异议的，可以要求管理人更正；管理人不予更正的，职工可以向人民法院提起诉讼。但债务人破产前已经辞职的职工债权争议仍属于劳动争议范畴，需经过仲裁前置程序。

破产企业的董事、监事和高级管理人员的工资按照该企业职工的平均工资计算。对于高出该企业职工平均工资的部分，应根据企业破产法第三十六条、《最高人民法院关于适用〈中华人民共和国企业破产法〉若干问题的规定（二）》第二十四条之规定，将其作为普通破产债权。

他人代债务人垫付工资和医疗费用、伤残补助、抚恤费用、基本养老保险、基本医疗保险、住房公积金等费用的，应当在人民法院规定的债权申报期内进行债权申报，管理人可按职工债权予以确认并予以公示。

**第九十三条** 未到期的债权，在破产申请受理时视为到期，债权人可以向管理人申报。

**第九十四条** 破产申请受理之日前已产生的借款利息、违约金、债务人未履行生效法律文书应当加倍支付的迟延利息、劳动保险或者税款延期缴纳产生的滞纳金等，债权人可以申报。

破产申请受理之日后新产生的上述债权不属于破产债权，债权人无需申报。

**第九十五条** 附条件、附期限的债权和诉讼、仲裁未决的债权，债权人可以申报。

**第九十六条** 保证人被裁定进入破产程序的，债权人可以申报其对保证人的保证债权。

主债务未到期的，保证债权在保证人破产申请受理时视为到期。一般保证的保证人主张行使先诉抗辩权的，人民法院不予支持，但债权人在一般保证人破产程序中的分配额应予提存，待一般保证人应承担的保证责任确定后再按照破产清偿比例予以分配。

保证人被确定应当承担保证责任的，保证人的管理人可以就保证人实际承担的清偿额向主债务人或者其他债务人行使求偿权。

**第九十七条** 债务人、保证人均被裁定进入破产程序的，债权人可以向债务人、保证人分别申报债权。

债权人向债务人、保证人均申报全部债权的，从一方破产程序中获得清偿后，其对另一方的债权额不作调整，但债权人的受偿额不得超出其债权总额。保证人履行保证责任后不再享有求偿权。

**第九十八条** 连带债权人可以由其中一人代表全体连带债权人申报债权，也可以共同申报债权。

**第九十九条** 债务人的保证人或者其他连带债务人已经代替债务人清偿债务的，以其对债务人的求偿权申报债权。

债务人的保证人或者其他连带债务人尚未代替债务人清偿债务的，以其对债务人的将来求偿权申报债权。但是，债权人已经向管理人申报全部债权的除外。

**第一百条** 债务人进入破产程序，债权人向管理人申报债权，又起诉连带债务人承担清偿责任的，应当受理并继续审理。生效判决认定连带债务人承担清偿责任的，案件执行程序与企业破产程序之间应当做好衔接，避免债权人双重受偿。

**第一百零一条** 管理人或者债务人依照企业破产法规定解除合同的，对方当事人以因合同解除所产生的损害赔偿请求权申报债权。

**第一百零二条** 债务人是委托合同的委托人，被裁定适用企业破产法规定的程序，受托人不知该事实，继续处理委托事务的，受托人以由此产生的请求权申报债权。

**第一百零三条** 债务人是票据的出票人，被裁定适用企业破产法规定的程序，该票据的付款人继续付款或者承兑的，付款人以由此产生的请求权申报债权。

**第一百零四条** 申报的债权为外币结算的，应以破产申请受理日公布的同一币种的汇率折算为人民币计算债权额，进行申报。

**第一百零五条** 裁定受理破产前，债权人将其债权分割后转让给多个主体，各受让人可以分别作为债权人申报债权。

裁定受理破产前，同一主体受让多个债权人的债权，受让人以其受让的债权总额作为一名债权人申报债权。

**第一百零六条** 裁定受理破产后，债权人将其债权分割后转让给多个主体，各受让人的受让债权按其受让债权金额分别统计，但作为一名债权人以债权总额参加表决和分配。

裁定受理破产后，同一主体受让多个债权人的债权，受让人可以其受让的不同债权分别申报债权，并分别参加表决和分配。

**第一百零七条** 债权人申报债权时，应当书面说明债权的数额和有无财产担保，并提交有关证据。申报的债权是连带债权的，应当说明。

**第一百零八条** 管理人收到债权申报材料后，应当依照企业破产法第五十七条的规定对所申报的债权进行登记造册，详尽记载申报人的姓名、单位、代理人、申报债权额、担保情况、证据、联系方式等事项，形成债权申报登记册。

管理人应结合债务人财务账册、审计报告等，对债权的性质、数额、担保财产、是否超过诉讼时效期间、是否超过强制执行期间等情况进行审查，将债权区分为应予确认、暂缓确认及不予确认三种类型并分别编制债权表。

债权表、债权申报登记册及债权申报材料在破产期间由管理人保管，债权人、债务人、债务人职工及其他利害关系人有权查阅。

**第一百零九条** 管理人编制的债权表应当提交第一次债权人会议核查。

债务人、债权人对债权表记载的债权无异议的，由管理人将无异议债权表提请人民法院裁定确认。

**第一百一十条** 已经生效法律文书确定的债权，管理人应当予以确认。

债权人、债务人或者管理人认为债权人据以申报债权的生效法律文书确定的债权错误，或者有证据证明债权人与债务人恶意通过诉讼、仲裁或者公证机关赋予强制执行力公证文书的形式虚构债权债务的，应当依法通过审判监督程序向作出该判决、裁定、调解书的人民法院或者上一级人民法院申请撤销生效法律文书，或者向受理破产申请的人民法院申请撤销或者不予执行仲裁裁决、不予执行公证债权文书后，重新确定债权。

**第一百一十一条** 债务人、债权人对债权表记载的债权有异议的，应当说明理由和法律依据。经管理人解释或调整后，异议人仍然不服的，或者管理人不予解释或调整的，异议人应当在债权人会议核查结束后十五日内向人民法院提起债权确认的诉讼。逾期未起诉的，该债权确定。

债权人未申报债权而直接起诉要求确认债权的，应告知其向管理人申报债权，对其起诉应不予受理；已经受理的，应当裁定驳回起诉。

**第一百一十二条** 债务人对债权表记载的债权有异议向人民法院提起诉讼的，应将被异议债权人列为被告。债权人对债权表记载的他人债权有异议的，应将被异议债权人列为被告；债权人对债权表记载的本人债权有异议的，应将债务人列为被告。

对同一笔债权存在多个异议人，其他异议人申请参加诉讼的，应当列为共同原告。

**第一百一十三条** 因他人有异议而被提起债权确认诉讼的债权人、对本人债权有异议而提起债权确认诉讼的债权人，均属债权尚未确定的债权人，除人民法院能够为其行使表决权而临时确定债权额的外，不得行使表决权。

破产财产分配时，债权确认诉讼案件尚未作出生效裁判的，应当根据该债权人申报债权额和破产案件清偿率计算其分配额并预留或提存。

## 第四章 债权人会议和债权人委员会

### 第一节 一般规定

**第一百一十四条** 依法申报债权的债权人为债权人会议的成员，有权参加债权人会议，享有表决权。

债权尚未确定的债权人，除人民法院能够为其行使表决权而临时确定债权额的外，不得行使表决权。

对债务人的特定财产享有担保权的债权人，未放弃优先受偿权利的，对通过和解协议、通过破产财产分配方案不享有表决权。

债权人可以委托代理人出席债权人会议，行使表决权。代理人出席债权人会议，应当向人民法院或者债权人会议主席提交债权人的授权委托书。

债权人会议应当有债务人的职工和工会的代表参加，对有关事项发表意见。

**第一百一十五条** 管理人应当参加债权人会议，向债权人会议报告职务执行情况，并回答询问。

债务人的法定代表人以及经人民法院决定的财务负责人和其他经营管理人员应当参加债权人会议，并如实回答债权人的询问。拒绝出席的，人民法院可依据企业破产法一百二十六条的规定，对其拘传并罚款。

管理人聘用的审计、评估等中介机构应当参加债权人会议。

必要时，可以通知债务人的出资人和政府相关部门派员参加债权人会议。

**第一百一十六条** 债权人会议设主席一人，由人民法院从有表决权的债权人中指定。与债务人有关联关系的自然人和法人不得担任债权人会议主席。

债权人会议主席主持债权人会议。

**第一百一十七条** 债权人会议行使下列职权：

（一）核查债权；

（二）申请人民法院更换管理人，审查管理人的费用和报酬；

（三）监督管理人；

（四）选任和更换债权人委员会成员；

（五）决定继续或者停止债务人的营业；

（六）通过重整计划；

（七）通过和解协议；

（八）通过债务人财产的管理方案；

（九）通过破产财产的变价方案；

（十）通过破产财产的分配方案；

（十一）人民法院认为应当由债权人会议行使的其他职权。

债权人会议应当对所议事项的决议作成会议记录。

**第一百一十八条** 第一次债权人会议由人民法院召集，自债权申报期限届满之日起十五日内召开。

第一次债权人会议一般包括下列议题，可以根据实际情况进行调整：

（一）管理人作执行职务报告和债务人财产状况报告；

（二）核查债权；

（三）选举债权人委员会成员，通过对债权人委员会职权的授权范围和债权人委员会议事规则；

（四）决定继续或者停止债务人的营业；

（五）通过债务人财产管理方案；

（六）管理人报告管理人报酬方案。

**第一百一十九条** 以后的债权人会议，在人民法院认为必要时，或者管理人、债权人委员会、占债权总额四分之一以上的债权人向债权人会议主席提议时召开。

管理人应当在召开债权人会议前十五日，将会议的时间、地点、议题等事项通知已知的债权人。

**第一百二十条** 债权人会议除现场表决外，可以由管理人事先将相关决议事项告知债权人，采取通信、网络投票等非现场方式进行表决。采取非现场方式进行表决的，管理人应当在债权人会议召开后的三日内，以信函、电子邮件、公告等方式将表决结果告知参与表决的债权人。

**第一百二十一条** 债权人会议的决议，由出席会议的有表决权的债权人过半数通过，并且其所代表的债权额占无财产担保债权总额的二分之一以上。有财产担保的债权人对决议的表决应当计入表决人数的统计，但其债权数额不计入表决金额的统计。但是，企业破产法另有规定的除外。

债权人在表决相关事项时放弃投票表决的，不视为同意。

债权人会议的决议，对于全体债权人均有约束力。

**第一百二十二条** 债权人会议的决议具有以下情形之一，损害债权人利益，债权人提出书面撤销申请的，人民法院应予支持：

（一）债权人会议的召开违反法定程序；

（二）债权人会议的表决违反法定程序；

（三）债权人会议的决议内容违法；

（四）债权人会议的决议超出债权人会议的职权范围。

人民法院可以裁定撤销全部或者部分事项决议，责令债权人会议依法重新作出决议。

债权人可以自债权人会议作出决议之日起十五日内提出撤销申请；债权人会议采取通信、网络投票等非现场方式进行表决的，申请撤销期限自债权人收到通知之日起算。

**第一百二十三条** 债务人财产的管理方案及破产财产的变价方案经债权人会议表决未通过的，由人民法院裁定。债权人对裁定不服的，可以自裁定宣布之日或者收到通知之日起十五日内向该人民法院申请复议。复议期间不停止裁定的执行。

破产财产的分配方案经债权人会议二次表决仍未通过的，由人民法院裁定。债权额占无财产担保债权总额二分之一以上的债权人对裁定不服的，可以自裁定宣布之日或者收到通知之日起十五日内向该人民法院申请复议。复议期间不停止裁定的执行。

对前两款规定的裁定，人民法院可以在债权人会议上宣布或者另行通知债权人。

## 第二节 债权人委员会

**第一百二十四条** 债权人会议可以决定设立债权人委员会。债权人委员会由债权人会议选任的债权人代表和一名债务人的职工代表或者工会代表组成。债权人委员会成员不得超过九人。

债权人委员会成员应当经人民法院书面决定认可。

**第一百二十五条** 债权人委员会行使下列职权：

（一）监督债务人财产的管理和处分；

（二）监督破产财产分配；

（三）提议召开债权人会议。

受债权人会议授权或委托，债权人委员会还可以行使下列职权：

（一）申请人民法院更换管理人，审查管理人的费用和报酬；

（二）监督管理人；

（三）决定继续或者停止债务人的营业；

（四）债权人会议授权或委托的其他事项。

**第一百二十六条** 债权人会议不得作出概括性授权，委托债权人委员会行使债权人会议所有职权。

**第一百二十七条** 债权人委员会执行职务时，有权要求管理人、债务人的有关人员对其职权范围内的事务作出说明或者提供有关文件。

管理人、债务人的有关人员违反企业破产法规定拒绝接受监督的，债权人委员会有权就监督事项请求人民法院作出决定；人民法院应当在五日内作出决定。

**第一百二十八条** 债权人委员会决定所议事项应获得全体成员过半数通过，并作成议事记录。债权人委员会成员对所议事项的决议有不同意见的，应当在记录中载明。

**第一百二十九条** 债权人委员会行使职权应当接受债权人会议的监督，以适当的方式向债权人会议及时汇报工作，并接受人民法院的指导。

**第一百三十条** 管理人实施下列处分债务人重大财产的行为，应当事先制作财产管理或者变价方案并提交债权人会议进行表决，债权人会议表决未通过的，管理人不得处分。

（一）涉及土地、房屋等不动产权益的转让；

（二）探矿权、采矿权、知识产权等财产权的转让；

（三）全部库存或者营业的转让；

（四）借款；

（五）设定财产担保；

（六）债权和有价证券的转让；

（七）履行债务人和对方当事人均未履行完毕的合同；

（八）放弃权利；

（九）担保物的取回；

（十）对债权人利益有重大影响的其他财产处分行为。

管理人实施上述处分前，应当提前十日书面报告债权人委员会，未设立债权人委员会的，应当报告人民法院。

债权人委员会可以依照企业破产法第六十八条第二款的规定，要求管理人对处分行为作出相应说明或者提供有关文件依据。

债权人委员会认为管理人实施的处分行为不符合债权人会议通过的财产管理或变价方案的，有权要求管理人纠正。管理人拒绝纠正的，债权人委员会可以请求人民法院作出决定。

人民法院认为管理人实施的处分行为不符合债权人会议通过的财产管理或

变价方案的，应当责令管理人停止处分行为。管理人应当予以纠正，或者提交债权人会议重新表决通过后实施。

## 第五章　重整程序

### 第一节　重整申请和审查

**第一百三十一条**　债务人或者债权人可以依照企业破产法规定，直接向人民法院申请对债务人进行重整。

债权人申请对债务人进行破产清算的，在人民法院受理破产申请后、宣告债务人破产前，债务人或者出资额占债务人注册资本十分之一以上的出资人，可以向人民法院申请重整。

**第一百三十二条**　债务人申请重整，除应提交本指引第二十一条所列材料外，还应提交重整可行性分析报告。

债权人申请重整，除应提交本指引第二十二条所列材料外，还应提交债务人具有重整价值的证据。

债务人的出资人申请重整，除应提交本指引第二十二条所列材料外，还应提交债务人资产及负债明细、债务人有关财务会计报告、债务人职工安置预案和债务人重整可行性分析报告。

**第一百三十三条**　债务人具有重整价值是指债务人的继续经营价值大于清算价值。

判断债务人是否具有重整价值，应综合考虑债务人的行业地位和行业前景、经营情况、资质价值、品牌价值、社会公共价值，以及能够体现债务人重整价值的其他情形。

人民法院对重整价值进行判断时，可以根据案件情况，征询市场监管部门、企业主管部门、行业协会以及行业专家的意见。

债务人自行重组重整期间由社会中介机构出具的报告可以作为判断债务人重整价值的参考。

**第一百三十四条**　债务人具有重整可行性是指债务人的现有资源和条件能够保证重整计划的执行。

判断债务人是否具有重整可行性，应当综合考虑债务人的重整意愿及其配合程度、主要债权人支持重整的情况、重整方案及重整投资人情况、法律与政策障碍情况、重整与清算模式下的清偿率情况。

债务人自行重组重整期间由社会中介机构出具的报告可以作为判断债务人重整可行性的参考。

**第一百三十五条** 人民法院对申请人提出的重整申请，应当组织听证调查，并通知申请人，债务人的法定代表人、财务人员和职工代表，以及人民法院认为应当参加听证调查的其他人员参加。

债务人的债权人、出资人、重整投资人等利害关系人经人民法院准许，也可以参加听证调查。

**第一百三十六条** 人民法院裁定受理重整申请的，应当自裁定作出之日起五日内向申请人、被申请人送达，并予以公告。

## 第二节 重整投资人招募

**第一百三十七条** 重整投资人是指在重整程序中，债务人无力自行摆脱经营及债务困境时，为债务人提供资金或者其他资源，帮助债务人清偿债务、恢复经营能力的自然人、法人或者其他组织。

**第一百三十八条** 债务人自行管理财产和营业事务的，债务人可以通过协商引进重整投资人。

自第一次债权人会议召开之日起三十日内，或者自裁定对破产清算的债务人进行重整之日起三十日内，债务人不能就债务清偿及后续经营提出可行性方案的，管理人可以向社会公开招募重整投资人。

**第一百三十九条** 管理人负责管理财产和营业事务的，重整投资人由管理人向社会公开招募。

管理人公开招募重整投资人的，应当在债务人资产评估工作完成后及时启动。管理人也可以根据重整案件实际情况，提前启动公开招募。

在受理破产清算后、宣告债务人破产前裁定对债务人进行重整的，管理人应当自重整裁定作出之日起三十日内招募重整投资人。

**第一百四十条** 公开招募重整投资人的，由管理人在全国企业破产重整案件信息网、本地有影响的媒体发布公告期不少于十五日的招募公告。

招募公告应当载明案件基本情况、意向重整投资人应当具备的资格条件、参加招募程序的报名方式及期限、获取招募文件的方式及期限等内容。

**第一百四十一条** 管理人应当在招募公告发布之前完成招募文件的制作，并报人民法院备案。招募文件应当包括债务人的资产、负债等基本情况，意向重整投资人缴纳保证金的要求，意向重整投资人应当提交的参选材料及截止时间，确定重整投资人的标准和程序，对重整投资人及其重整预案的特定要求。

**第一百四十二条** 意向重整投资人参加公开招募的，一般需要提供以下文件：有效的主体资格证明文件；资质、财务、业绩介绍及相关证明材料；重整预案，包括重整资金来源、出资人权益调整、债权调整、债权清偿及后续经营方案等；招募文件要求提供的其他材料。

意向重整投资人要求查阅有关债务人的财产调查报告、资产评估报告、偿债能力分析报告、审计报告以及债权表等资料的，管理人应当准许。

**第一百四十三条** 经管理人初步审查，意向重整投资人符合招募公告规定的资格条件且参选材料不违反法律规定的，应当按照管理人的要求签订保证金协议，并缴纳重整保证金。

**第一百四十四条** 在招募期间，仅有一家意向重整投资人提交参选材料且其重整预案经管理人审查合格的，该意向重整投资人即为重整投资人。

多家意向重整投资人经初步审查合格并缴纳保证金的，由债权人会议选定重整投资人。

**第一百四十五条** 经审查存在下列情形的，管理人可以申请协商确定重整投资人：债务人与意向投资人已经在债务人自行经营管理期间初步形成可行的债务清偿方案和出资人权益调整方案的；在重整申请受理时，债务人已确定意向投资人，该意向投资人已经持续为债务人的继续营业提供资金、代偿职工债权，且债务人已经就此制订出可行的债务清偿和出资人权益调整方案的；重整价值可能急剧丧失，需要尽快确定重整投资人的；存在其他不适宜公开招募重整投资人的情形，并经债权人会议或者债权人委员会同意的。

### 第三节 重整计划的制定与批准

**第一百四十六条** 债务人或者管理人应当在自人民法院裁定债务人重整之日起六个月内提交重整计划草案。

债务人或者管理人申请延长重整计划草案提交期限的，应当在期限届满十五日前提出。

**第一百四十七条** 重整计划草案除应包含企业破产法第八十一条第（一）

至第（七）项规定的内容外，在普通债权不能获得全额清偿的情况下，重整计划草案应当包含出资人权益调整的内容。

重整计划草案还应当全面披露债务人的破产原因、资产和负债状况、清算和重整状态下普通债权的清偿率比较以及有关债务人资产的重大不确定事项等。

**第一百四十八条** 管理人认为债务人制作的重整计划草案的合法性或者可行性存在问题，可能损害债权人合法权益的，应当要求债务人进行修改。

**第一百四十九条** 重整计划草案经人民法院同意提交债权人会议表决的，债权人会议应当在三十日内召开。

**第一百五十条** 重整计划草案进行分组表决时，重整计划草案对普通债权根据债权额大小作出分类调整的，人民法院应当依据债务人或者管理人的申请，设置相应表决组。

人民法院可以将享有建设工程价款、船舶和航空器等法定优先权的债权人列入对债务人特定财产享有担保权的债权表决组，也可以根据上述优先权的性质设置其他优先权表决组。

经评估的担保财产价值不足以清偿担保债权，对该财产享有担保权的债权人同意对超出评估值以外的债权按普通债权清偿的，可以将评估值作为该笔债权在担保债权组的表决额，剩余金额作为其在普通债权组的表决额。

**第一百五十一条** 表决出资人权益调整事项的，应当召开出资人组会议并提前十五日通知全体出资人。

债务人的股东会或者股东大会已对出资人权益调整作出决议的，可以不再另行召开出资人组会议进行表决。

有限责任公司的出资人权益调整事项经股东所持表决权的三分之二以上同意，即为通过；股份有限公司的出资人权益调整事项经出席出资人组会议的股东所持表决权的三分之二以上同意，即为通过。

**第一百五十二条** 债务人或者管理人申请批准重整计划的，人民法院应当在收到申请之日起三十日内完成对重整计划内容以及表决程序的审查。

人民法院应当按照下列原则审查批准重整计划：

（一）程序合法原则，即重整计划的制订和表决程序符合法律规定；

（二）公平原则，即公平对待同一表决组成员；

（三）绝对优先原则，即破产清算程序的法定清偿顺序同样适用于重整程序；

（四）最大利益原则，即持反对意见的债权人依据重整计划可获得的清偿比例不低于其在破产清算中可获得的清偿比例；

（五）可行性原则，即经营方案以及重整计划的执行方式均不存在可能导致无法执行或者破产清算的法律及事实障碍。

重整计划符合上述原则的，人民法院应当裁定批准并终止重整程序，予以公告。

**第一百五十三条** 未通过重整计划草案的表决组拒绝再次表决，或者再次表决仍未通过，债务人或者管理人申请强制批准重整计划草案的，人民法院应当依照企业破产法第八十七条第二款以及本指引第一百五十二条第二款规定的标准，对强制批准重整计划草案的申请进行全面、审慎审查。

人民法院认为需要听取重整计划草案的反对意见的，可以通知未通过表决组，告知其于收到通知之日起十日内提出书面意见并附相关证据材料，必要时可以组织听证。

**第一百五十四条** 人民法院裁定批准重整计划后，由债务人负责执行。已接管财产和营业事务的管理人应当及时向债务人移交财产和营业事务。

债务人应当全面、适当执行重整计划。执行债权受偿方案时因客观原因无法同时对全体债权人清偿的，按照法定顺序清偿。

**第一百五十五条** 管理人负责监督重整计划的执行，并应当制订监督方案。在监督期内，管理人应定期听取债务人财务状况及重整计划执行情况报告，及时发现并纠正债务人执行重整计划过程中的违法或者不当行为。监督期届满后，管理人应当向人民法院提交监督报告。

**第一百五十六条** 重整计划因客观原因未能在规定期限内执行完毕，债务人申请延长重整计划执行期限的，人民法院可以裁定准许。管理人同时申请延长监督期限至重整计划执行期限届满的，人民法院应当一并裁定准许。

**第一百五十七条** 重整计划对债务人、全体债权人有约束力。重整计划涉及出资人权益调整的事项，对债务人的全体出资人均有约束力。债务人资不抵债，重整计划所调整的股权已设定质押的，质押权人应当配合办理解除股权质押手续。

重整计划所调整的股权未被质押与冻结，但出资人拒不配合办理股权转让手续的，人民法院可以依据债务人的申请向有关单位发出协助执行通知书。

**第一百五十八条** 重整计划执行期间，人民法院可以依据债务人的申请，协调办理债务人恢复正常生产经营的相关手续，包括移除经营异常名录、恢复营业执照、删除征信不良记录、移除纳税失信名单、删除失信被执行人信息等。

**第一百五十九条** 重整计划执行完毕或者基本执行完毕，管理人应当申请终结重整程序，并提交监督报告。

人民法院裁定终结重整程序后，对于按照重整计划减免的债务，债务人不再承担清偿责任。重整后的企业新发生的债权债务纠纷处理，不再适用企业破产法的特别规定。

**第一百六十条** 债务人不执行重整计划或者因客观原因不能执行重整计划，经管理人或者利害关系人请求，人民法院应当裁定终止重整计划的执行，并宣告债务人破产。本款所称利害关系人，包括债权人、债务人、债务人出资人等。

人民法院裁定终止重整计划的执行并宣告债务人破产后，管理人应当立即接管债务人的印章、账簿、财产等，并对债务人进行破产清算。

重整计划执行过程中已受清偿的破产债权，由管理人按照企业破产法第九十三条第二款的规定予以核减；核减后的破产债权依照企业破产法第一百一十三条规定的清偿顺序和第九十三条第三款规定的清偿条件予以清偿。

## 第六章　和解程序

**第一百六十一条** 债务人可以依照企业破产法规定，直接向人民法院申请和解；也可以在人民法院受理破产申请后、宣告债务人破产前，向人民法院申请和解。

**第一百六十二条** 债务人申请和解，除了应当提交本指引第二十一条规定的材料外，还应当提交和解协议草案。

**第一百六十三条** 债务人提出和解协议草案一般包括下列内容：

（一）债务人的财产状况；

（二）清偿债务的比例、期限及财产来源；

（三）破产费用、共益债务的种类、数额及支付期限。

债务人可以在和解协议草案中为和解协议的执行设定担保。

和解协议草案中可以规定监督条款，设置和解协议执行的监督人。

**第一百六十四条** 人民法院经审查认为和解申请符合规定的，应当裁定和解，予以公告，并召集债权人会议讨论和解协议草案。

**第一百六十五条** 对债务人的特定财产享有担保权的权利人，自人民法院裁定和解之日起，可以随时向管理人主张就该特定财产变价处置行使优先受偿权，管理人应及时变价处置，不得以须经债权人会议决议等为由拒绝。但因单独处置担保财产会降低其他破产财产的价值而应整体处置的除外。

**第一百六十六条** 债权人会议通过和解协议的决议，由出席会议的有表决权的债权人过半数同意，并且其所代表的债权额占无财产担保债权总额的三分之二以上。

**第一百六十七条** 债权人会议通过和解协议的，由人民法院裁定认可，终止和解程序，并予以公告。管理人应当向债务人移交财产和营业事务，并向人民法院提交执行职务的报告。

**第一百六十八条** 和解协议草案经债权人会议表决未获得通过，或者已经债权人会议通过的和解协议未获得人民法院认可的，人民法院应当裁定终止和解程序，并宣告债务人破产。

**第一百六十九条** 在人民法院作出是否认可和解协议的裁定之前，债务人撤回和解申请的，人民法院应当裁定终止和解程序，宣告债务人破产，并公告。

**第一百七十条** 经人民法院裁定认可的和解协议，对债务人和全体和解债权人均有约束力。

和解债权人是指人民法院受理破产申请时对债务人享有无财产担保债权的人。

和解债权人未依照本法规定申报债权的，在和解协议执行期间不得行使权利；在和解协议执行完毕后，可以按照和解协议规定的清偿条件行使权利。

**第一百七十一条** 和解债权人对债务人的保证人和其他连带债务人所享有的权利，不受和解协议的影响。

**第一百七十二条** 债务人应当按照和解协议规定的条件清偿债务。

**第一百七十三条** 因债务人的欺诈或者其他违法行为而成立的和解协议，人民法院应当裁定无效，并宣告债务人破产。

有前款规定情形的，和解债权人因执行和解协议所受的清偿，在其他债权人所受清偿同等比例的范围内，不予返还。

**第一百七十四条** 债务人不能执行或者不执行和解协议的，人民法院经和解债权人请求，应当裁定终止和解协议的执行，并宣告债务人破产。

人民法院裁定终止和解协议执行的，和解债权人在和解协议中作出的债权调整的承诺失去效力。和解债权人因执行和解协议所受的清偿仍然有效，和解债权未受清偿的部分作为破产债权。

前款规定的债权人，只有在其他债权人同自己所受的清偿达到同一比例时，才能继续接受分配。

有本条第一款规定情形的，为和解协议的执行提供的担保继续有效。

**第一百七十五条** 人民法院受理破产申请后，债务人与全体债权人就债权债务的处理自行达成协议的，可以请求人民法院裁定认可，并终结破产程序。

**第一百七十六条** 按照和解协议减免的债务，自和解协议执行完毕时起，债务人不再承担清偿责任。

## 第七章 破产清算程序

### 第一节 破产宣告

**第一百七十七条** 人民法院受理破产清算申请后，第一次债权人会议上无人提出重整或者和解申请的，管理人应当在债权审核确认和必要的审计、资产评估后，及时向人民法院提出宣告破产的申请。

破产申请受理后，债务人财产不足以清偿破产费用且无人代为清偿或者垫付的，经管理人申请，人民法院应当宣告破产并裁定终结破产程序。申请宣告债务人破产的时间不受前款规定限制。

相关主体向人民法院提出宣告破产申请的，人民法院应当自收到申请之日起七日内做出破产宣告裁定，并自裁定作出之日起五日内送达债务人和管理人，自裁定作出之日起十日内通知已知债权人，并予以公告。

**第一百七十八条** 人民法院的破产宣告裁定作出即发生法律效力。

债务人被宣告破产后，不得再转入重整程序或和解程序。

债务人被宣告破产后，债务人称为破产人，债务人财产称为破产财产，人民法院受理破产申请时对债务人享有的债权称为破产债权。

**第一百七十九条** 由债务人自行管理的重整程序经破产宣告转为清算程序的，或者和解协议生效后经破产宣告转为清算程序的，债务人应当立即向管理人办理财产和事务的移交。

**第一百八十条** 破产宣告前，有下列情形之一的，人民法院应当裁定终结破产程序，并予以公告：

（一）第三人为债务人提供足额担保或者为债务人清偿全部到期债务的；

（二）债务人已清偿全部到期债务的。

**第一百八十一条** 对破产人的特定财产享有担保权的权利人，对该特定财产享有优先受偿的权利，其可以随时向管理人主张就该特定财产变价处置行使优先受偿权，管理人应及时变价处置，不得以须经债权人会议决议等为由拒绝。但因单独处置担保财产会降低其他破产财产的价值而应整体处置的除外。

前款的债权人行使优先受偿权利未能完全受偿的，其未受偿的债权作为普通债权；放弃优先受偿权利的，其债权作为普通债权。

## 第二节　变价和分配

**第一百八十二条** 管理人应当及时拟订破产财产变价方案，提交债权人会议讨论。

管理人应当按照债权人会议通过的或者人民法院依照企业破产法第六十五条第一款规定裁定的破产财产变价方案，适时变价出售破产财产。

**第一百八十三条** 变价出售破产财产应当通过拍卖进行。但是，债权人会议另有决议的除外。

以拍卖方式处置破产财产的，除法律、行政法规和司法解释规定必须通过其他途径处置，或者不宜采取网络拍卖方式处置的以外，应采取网络司法拍卖方式。

采用拍卖方式进行处置的，拍卖所得预计不足以支付评估拍卖费用，或者拍卖不成的，经债权人会议决议，可以采取作价变卖或实物分配方式。变卖或实物分配的方案经债权人会议两次表决仍未通过的，由人民法院裁定处理。

破产企业可以全部或者部分变价出售。企业变价出售时，可以将其中的无形资产和其他财产单独变价出售。

按照国家规定不能拍卖或者限制转让的财产，应当按照国家规定的方式处理。

**第一百八十四条** 管理人应当向破产企业的债务人追收债权。

债权追收成本过高的，经债权人会议决议，可以放弃债权，亦可以选择拍卖债权。拍卖不成的，可以分配债权。

债权人会议决议直接分配债权的，可以进行债权分配。由管理人向债权人出具债权分配书，债权人可以凭债权分配书向债务人的债务人要求履行。

**第一百八十五条** 破产财产在优先清偿破产费用和共益债务后，依照下列顺序清偿：

（一）破产人所欠职工的工资和医疗、伤残补助、抚恤费用，所欠的应当划入职工个人账户的基本养老保险、基本医疗保险费用，以及法律、行政法规规定应当支付给职工的补偿金；

（二）破产人欠缴的除前项规定以外的社会保险费用和破产人所欠税款；

（三）普通破产债权。

破产财产不足以清偿同一顺序的清偿要求的，按照比例分配。

破产企业的董事、监事和高级管理人员的工资按照该企业职工的平均工资计算。

**第一百八十六条** 由第三方垫付的职工债权，原则上按照垫付的职工债权性质进行清偿。

**第一百八十七条** 对于法律没有明确规定清偿顺序的债权，人民法院可以按照人身损害赔偿债权优先于财产性债权、私法债权优先于公法债权、补偿性债权优先于惩罚性债权的原则合理确定清偿顺序。因债务人侵权行为造成的人身损害赔偿，可以参照企业破产法第一百一十三条第一款第一项规定的顺序清偿，但其中涉及的惩罚性赔偿除外。破产财产依照企业破产法第一百一十三条规定的顺序清偿后仍有剩余的，可依次用于清偿破产受理前产生的民事惩罚性赔偿金、行政罚款、刑事罚金等惩罚性债权。

**第一百八十八条** 破产财产的分配应当以货币分配方式进行。但是，债权人会议另有决议的除外。

**第一百八十九条** 管理人应当及时拟订破产财产分配方案，提交债权人会议讨论。

破产财产分配方案应当载明下列事项：

（一）参加破产财产分配的债权人名称或者姓名、住所；

（二）参加破产财产分配的债权额；

（三）可供分配的破产财产数额；

（四）破产财产分配的顺序、比例及数额；

（五）实施破产财产分配的方法。

债权人会议通过破产财产分配方案后，由管理人将该方案提请人民法院裁定认可。

**第一百九十条** 破产财产分配方案经人民法院裁定认可后，由管理人执行。

管理人按照破产财产分配方案实施多次分配的，应当公告本次分配的财产额和债权额。管理人实施最后分配的，应当在公告中指明，并载明企业破产法第一百一十七条第二款规定的事项。

**第一百九十一条** 对于附生效条件或者解除条件的债权，管理人应当将其分配额提存。

管理人依照前款规定提存的分配额，在最后分配公告日，生效条件未成就或者解除条件成就的，应当分配给其他债权人；在最后分配公告日，生效条件成就或者解除条件未成就的，应当交付给债权人。

**第一百九十二条** 债权人未受领的破产财产分配额，管理人应当提存。债权人自最后分配公告之日起满二个月仍不领取的，视为放弃受领分配的权利，管理人或者人民法院应当将提存的分配额分配给其他债权人。

**第一百九十三条** 破产财产分配时，对于诉讼或者仲裁未决的债权，管理人应当将其分配额提存。自破产程序终结之日起满二年仍不能受领分配的，人民法院应当将提存的分配额分配给其他债权人。

### 第三节 破产程序的终结

**第一百九十四条** 破产人无财产可供分配的，管理人应当请求人民法院裁定终结破产程序。

管理人在最后分配完结后，应当及时向人民法院提交破产财产分配报告，并提请人民法院裁定终结破产程序。

人民法院应当自收到管理人终结破产程序的请求之日起十五日内，以查明债务人财产状况、明确债务人财产的分配方案、确保破产债权获得依法清偿为基础，作出是否终结破产程序的裁定。裁定终结的，应当予以公告。

**第一百九十五条** 管理人应当自破产程序终结之日起十日内，持人民法院终结破产程序的裁定到公司登记机关办理相关注销手续。

**第一百九十六条** 管理人于办理注销登记完毕的次日终止执行职务。但是，存在诉讼或者仲裁未决情况的除外。

**第一百九十七条** 自破产程序依照企业破产法第四十三条第四款或者第一百二十条的规定终结之日起二年内，有下列情形之一的，债权人可以请求人民法院按照破产财产分配方案进行追加分配：

（一）发现有依照企业破产法第三十一条、第三十二条、第三十三条、第三十六条规定应当追回的财产的；

（二）发现破产人有应当供分配的其他财产的。

有前款规定情形，但财产数量不足以支付分配费用的，不再进行追加分配，由人民法院将其上缴国库。

**第一百九十八条** 破产人的保证人和其他连带债务人，在破产程序终结后，对债权人依照破产清算程序未受清偿的债权，依法继续承担清偿责任。

债权人根据前款规定要求保证人承担保证责任的，应在破产程序终结后六个月内提出。保证人承担保证责任后，不得再向和解或重整后的债务人行使求偿权。

## 第八章 关联企业实质合并破产程序

**第一百九十九条** 人民法院在审理企业破产案件时，应当尊重企业法人人格的独立性，以对关联企业成员的破产原因进行单独判断并适用单个破产程序为基本原则。当关联企业成员之间存在法人人格高度混同、区分各关联企业成员财产的成本过高、严重损害债权人公平清偿利益时，可例外适用关联企业实质合并破产方式进行审理。

**第二百条** 人民法院收到实质合并申请后，应当及时通知相关利害关系人并组织听证，听证时间不计入审查时间。人民法院在审查实质合并申请过程中，可以综合考虑关联企业之间资产的混同程度及其持续时间、各企业之间的利益关系、债权人整体清偿利益、增加企业重整的可能性等因素，在收到申请之日起三十日内作出是否实质合并审理的裁定。

**第二百零一条** 人民法院裁定采用实质合并方式审理破产案件的，各关联企业成员之间的债权债务归于消灭，各成员的财产作为合并后统一的破产财产，由各成员的债权人在同一程序中按照法定顺序公平受偿。采用实质合并方式进行重整的，重整计划草案中应当制定统一的债权分类、债权调整和债权受偿方案。

**第二百零二条** 适用实质合并规则进行破产清算的，破产程序终结后各关联企业成员均应予以注销。适用实质合并规则进行和解或重整的，各关联企业原则上应当合并为一个企业。根据和解协议或重整计划，确有需要保持个别企业独立的，应当依照企业分立的有关规则单独处理。

**第二百零三条** 多个关联企业成员均存在破产原因但不符合实质合并条件的，人民法院可根据相关主体的申请对多个破产程序进行协调审理，并可根据程序协调的需要，综合考虑破产案件审理的效率、破产申请的先后顺序、成员负债规模大小、核心控制企业住所地等因素，由共同的上级法院确定一家法院集中管辖。

**第二百零四条** 协调审理不消灭关联企业成员之间的债权债务关系，不对关联企业成员的财产进行合并，各关联企业成员的债权人仍以该企业成员财产为限依法获得清偿。但关联企业成员之间不当利用关联关系形成的债权，应当劣后于其他普通债权顺序清偿，且该劣后债权人不得就其他关联企业成员提供的特定财产优先受偿。

## 第九章 执行转破产程序

**第二百零五条** 执行案件移送破产审查工作，涉及执行程序与破产程序之间的转换衔接，不同法院之间，同一法院内部执行部门、立案部门、破产审判部门之间，应坚持依法有序、协调配合、高效便捷的工作原则，充分保护当事人合法权益。

**第二百零六条** 执行案件移送破产审查，应同时符合下列条件：

（一）被执行人为企业法人；

（二）被执行人或者有关被执行人的任何一个执行案件的申请执行人书面同意将执行案件移送破产审查；

（三）执行法院已通过执行案件网络查控系统、申请执行人举证、被执行人自行申报、查阅会计资料等方式采取执行财产调查措施；

（四）被执行人不能清偿到期债务，并且资产不足以清偿全部债务或者明显缺乏清偿能力。

**第二百零七条**　执行法院采取财产调查措施后，发现作为被执行人的企业法人符合企业破产法第二条规定的，应当及时询问申请执行人、被执行人是否同意将案件移送破产审查。

**第二百零八条**　执行法官认为执行案件符合移送破产审查条件的，应提出审查意见，经合议庭评议同意后，报院长审批并签署移送决定书。

执行法院作出移送决定后，应在五日内将移送决定书送达申请执行人和被执行人。申请执行人或被执行人对决定有异议的，可以在受移送法院破产审查期间提出，由受移送法院一并处理。

**第二百零九条**　执行法院作出移送决定后，应当书面通知所有已知执行法院，执行法院均应中止对被执行人的执行程序。但是，对被执行人的季节性商品、鲜活、易腐烂变质以及其他不宜长期保存的物品，执行法院应当及时变价处置，处置的价款不作分配。受移送法院裁定受理破产案件的，执行法院应当在收到裁定书之日起七日内，将该价款移交受理破产案件的法院。

案件符合终结本次执行程序条件的，执行法院可以同时裁定终结本次执行程序。

执行法院决定移送后、受移送法院裁定受理破产案件之前，对被执行人的查封、扣押、冻结措施不予解除。查封、扣押、冻结期限在破产审查期间届满的，申请执行人可以向执行法院申请延长期限，由执行法院负责办理。

**第二百一十条**　执行法院作出移送决定后，应当向受移送法院移送下列材料：

（一）案件移送函；

（二）执行案件移送破产审查决定书；

（三）申请执行人或者被执行人同意移送的书面材料；

（四）执行立案信息表、执行依据；

（五）被执行企业的工商登记材料；

（六）执行程序采取财产调查措施已查明的被执行人的财产状况，主要包括但不限于银行存款、房地产、车辆、股权登记查询资料，以及已经采取查封、扣押、冻结措施的财产清单及相关材料；

（七）执行程序已查明的被执行人的债权、债务清单；

（八）执行程序已对被执行财产依法处置的相关材料；

（九）在执行程序中发现的被执行人隐匿、转移财产等涉嫌逃废债行为线索的相关材料；

（十）其他应当移送的材料。

上述第（八）（九）项材料的移送以实际存在为前提，不属于移送必备材料。

**第二百一十一条** 执行法院移送破产审查的材料，由受移送法院立案部门负责接收。受移送法院不得以材料不完备等为由拒绝接收。

执行法院移送的材料不完备或者内容错误，影响受移送法院认定破产原因是否具备的，受移送法院可以要求执行法院补齐、补正，执行法院应在收到通知后十日内补齐、补正。该期间不计入受移送法院破产审查的期间。

受移送法院需要查阅执行程序中的其他案件材料，或者依法委托执行法院办理财产处置等事项的，执行法院应予协助配合。

**第二百一十二条** 受移送法院立案部门经审查认为移送材料完备的，应当以“破申”作为案件类型代字编制案号登记立案，并及时将案件移送破产审判部门审查是否受理。

立案部门在审查过程中发现本院对案件不具有管辖权的，应当按照民事诉讼法第三十六条规定处理。

**第二百一十三条** 受移送法院的破产审判部门应当自收到移送的材料之日起三十日内作出是否受理的裁定。受移送法院作出裁定后，应当在五日内送达申请执行人、被执行人，并送交执行法院。

申请执行人申请或者同意移送破产审查的，裁定书中以该申请执行人为申请人，被执行人为被申请人；被执行人申请或者同意移送破产审查的，裁定书中以该被执行人为申请人；申请执行人、被执行人均同意移送破产审查的，双方均为申请人。

**第二百一十四条** 执行法院收到受移送法院受理裁定后，应当于七日内将已经扣划到账的银行存款、实际扣押的动产、有价证券等被执行人的财产移交给受理破产案件的法院或者管理人。

**第二百一十五条** 执行法院收到破产受理裁定后，应当解除对债务人财产的查封、扣押、冻结措施；或者根据破产受理法院的要求，出具函件将查封、扣押、冻结财产的处置权交破产受理法院。破产受理法院可以持执行法院的移送处置函件进行继续查封、扣押、冻结，或者解除查封、扣押、冻结，依法予以处置。

执行法院收到破产受理裁定拒不解除查封、扣押、冻结措施的，破产受理法院可以请求执行法院的上级法院依法予以纠正。

**第二百一十六条** 破产审判部门可以利用执行查控系统查控债务人财产，提高破产审判工作效率，执行部门应予以配合。

**第二百一十七条** 受移送法院作出不予受理裁定的，应当在裁定生效后七日内将接收的材料、被执行人的财产退回执行法院，执行法院应当恢复对被执行人的执行。

受移送法院作出不予受理裁定后，执行法院不得重复启动执行案件移送破产审查程序。申请执行人或被执行人以有新证据足以证明被执行人已经具备了破产原因为由，再次要求将执行案件移送破产审查的，执行法院可以通知申请执行人或被执行人直接向具有管辖权的人民法院提出破产申请。

**第二百一十八条** 受移送法院裁定宣告被执行人破产或者裁定终止和解程序、重整程序的，应当自裁定作出之日起五日内送交执行法院，执行法院应当裁定终结对被执行人的执行。

**第二百一十九条** 受移送法院拒绝接收移送的材料，或者收到移送的材料后不按规定的期限作出是否受理裁定的，执行法院可以报请上级法院予以协调，或者向受移送法院的上一级法院发函请求监督。上一级法院收到函件后应当指令受移送法院在十日内接收材料或者作出是否受理的裁定。

**第二百二十条** 执行案件移送破产审查发生在同一法院内部执行部门和破产审判部门之间的，参照适用上述规定，并应当尽量简化移送审查程序。

## 附　则

**第二百二十一条** 本指引自公布之日起施行。

**第二百二十二条** 本指引与法律、司法解释规定不一致的，以法律、司法解释的规定为准。

上海市高级人民法院

# 关于审理融资租赁物权属争议案件的指导意见（试行）

（2019年8月21日发布）

为更好地维护融资租赁交易安全，平等保护融资租赁交易当事人和第三人的合法权益，统一融资租赁物权属争议案件的法律适用，根据《中华人民共和国合同法》、《中华人民共和国物权法》、《最高人民法院关于审理融资租赁合同纠纷案件适用法律问题的解释》，参照上海市地方金融监督管理局、中国人民银行上海分行、中国银保监会上海监管局联合下发的《关于做好本市融资租赁行业登记和查询工作的意见》的相关规定，结合本市审判实践，制定本指导意见。

**一、**本市金融租赁公司、外商投资融资租赁公司、内资融资租赁试点企业作为出租人（以下简称出租人），应当在中国人民银行征信中心（以下简称征信中心）的动产融资统一登记公示系统中对融资租赁合同中载明的租赁物权属状况予以登记。

未依照规定办理登记公示，且不存在《最高人民法院关于审理融资租赁合同纠纷案件适用法律问题的解释》第九条规定的其余例外情形的，出租人对租赁物的所有权不得对抗善意第三人。

**二、**本市各银行、金融资产管理公司、信托公司、财务公司、汽车金融公司、消费金融公司、金融租赁公司、外商投资融资租赁公司、内资融资租赁试点企业、典当行、小额贷款公司、融资性担保公司、商业保理公司等作为第三人（以下简称第三人）在办理资产抵押、质押或受让等业务时，应当登录征信中心的动产融资统一登记公示系统查询相关标的物的权属状况。

未依照规定进行查询的，出租人对租赁物主张权利时，上述第三人以不知标的物是租赁物为由进行抗辩的，应推定该第三人在办理租赁物抵押、质押或受让租赁物时，未尽到审慎注意义务，不构成善意。

三、本意见在本市辖区范围内试行。

本意见施行前已经审理终结的案件不得依据本意见提起再审。

本意见自下发之日起施行。

## 解读——

# 《上海市高级人民法院关于审理融资租赁物权属争议案件的指导意见（试行)》

《上海市高级人民法院关于审理融资租赁物权属争议案件的指导意见（试行)》(以下简称《指导意见》) 已制定发布，为配合《指导意见》理解与实施，现对相关问题作如下说明。

### 一、制定《指导意见》的背景和依据

1. 制定《指导意见》是完善配套政策，优化营商环境的需要

融资租赁交易关系中，出租人享有租赁物的所有权，承租人在租赁期间对租赁物进行占有和使用。租赁物的所有权与占有相分离，极易造成承租人是租赁物所有人的假象，给承租人非法处置租赁物提供了便利，第三人依善意取得规则获得租赁物物权，使得出租人的权利得不到有效保护，作为出租人的融资租赁公司承担着巨大的交易风险，影响了上海的营商环境。

为有效解决上述问题，弥补以占有为物权公示方法的不足，迫切需要建立融资租赁登记及查询制度以公示各方当事人的权利状况，规范租赁物的处分行为。《国务院办公厅关于加快融资租赁业发展的指导意见》《国务院办公厅关于促进金融租赁行业健康发展的指导意见》亦明确要求逐步完善融资租赁行业法律法规，研究建立具有法律效力的融资租赁登记制度。《指导意见》的下发，有助于本市融资租赁公司及其他金融机构了解租赁物的权属状况，预防交易风险。在此背景下，上海高院出台《指导意见》，发挥租赁物登记的风险防

范作用，不仅是对本市融资租赁业登记和查询工作在司法上的配套支持，也有利于上海营商环境的优化与改善。

2. 制定《指导意见》是服务审判实践，统一裁判标准的需要

近年来，全市法院受理的融资租赁合同纠纷案件大幅上升，2018 年共受理一审融资租赁合同纠纷案件 5126 件，同比上升 21%。融资租赁案件数量、涉案标的额，均位居金融商事案件第三位。其中承租人私自转让租赁物或在租赁物上设立他物权，导致第三人的物权与出租人所有权冲突的案件时有发生，如何判断是否构成善意取得成为难点。

为此，出台《指导意见》，明确在有效平台上登记公示的租赁物具有对抗效力，承租人未经出租人同意擅自将租赁物处置给第三人，第三人未到有效平台查询即与承租人交易的，将不构成善意取得。这不仅可以规范租赁物的交易行为，避免交易风险，维护交易安全，切实保护出租人的利益，同时也是统一裁判标准的需要。

3. 制定《指导意见》是完善交易机制，健全法律体系的需要

《合同法》设专章对融资租赁合同进行了规定，但该法对承租人或者租赁物的实际使用人未经出租人同意转让租赁物或者在租赁物上设立其他物权的效力未作规定。

《最高人民法院关于审理融资租赁合同纠纷案件适用法律问题的解释》第九条从第三人与承租人交易时是否按照法律、行政法规、行业或者地区主管部门规定的要求在相应机构进行融资租赁交易查询的角度，认定第三人是否构成善意。《民法典合同编》（草案）第五百三十六条也规定：出租人对租赁物享有的所有权，未经登记，不得对抗上述第三人。上海高院出台《指导意见》，对征信中心的融资租赁登记予以认可，不仅是对各方合理需求的及时回应，也是弥补现行规定的不足，加强租赁物物权保护，促进整个融资租赁行业健康发展的有力举措。

## 二、《指导意见》的制定过程

《指导意见》制定过程中，上海高院听取了上海市地方金融监督管理局、中国人民银行上海分行、中国银行保险监督管理委员会上海监管局等金融监管机构、部分融资租赁企业以及其他融资租赁参与方的意见和建议，同时也组织全市三级法院相关审判业务条线法官进行了讨论。《指导意见》经上海高院审

判委员会讨论通过。

## 三、《指导意见》的主要内容

1. 明确租赁物登记义务及相关效力

通过判断第三人受让权利是否善意来遏制承租人恶意处分租赁物是一种有效的方法，而判断的核心是第三人对标的物是租赁物属否知道或者应当知道。为达到这个效果，首先应明确一个租赁物登记平台，为交易主体能够知道租赁物权属状况创造条件。《指导意见》规定中国人民银行征信中心的动产融资统一登记公示系统是出租人登记租赁物权属的平台，同时规定出租人具有登记义务，未按规定办理登记的，除有例外情形，出租人对租赁物的所有权不得对抗善意第三人。

2. 明确第三人查询义务及相关效力

融资租赁登记制度的建立对于市场交易的主要影响在于：拟就租赁物从事交易的相对人，仅依租赁物占有的权利外观，与承租人进行交易，其信赖利益无法依善意取得制度得到保护。基于此，是否查询融资租赁登记系统就成了交易相对人主观上是否构成善意的判断标准。故要使上述租赁物登记产生法律效力，还须明确交易主体在受让动产所有权或接受抵押权、质权等权利时，知道自己有查询权属状况的注意义务。《指导意见》规定第三人在办理资产抵押、质押或者受让等业务时，应当登录动产融资统一登记公示系统进行查询，未依照规定进行查询的，应推定其未尽到审慎注意义务，因而不构成善意第三人。

3. 明确《指导意见》实施范围和效力

《指导意见》明确只在本市辖区范围内施行，并就已经审结的案件的处理作了相应规定。

关于非本市的融资租赁企业在本市从事融资租赁业务或非本市金融机构作为第三人与本市融资租赁企业交易中，是否具有登记与查询义务问题，此次《指导意见》没有涉及，对于相关交易的效力认定，法院仍将根据有关法律、司法解释以及中国人民银行、银保监会、商务部等出台的相关规定进行审查处理。

[典型案例]

# 广东高院发布2018年度涉互联网十大典型案例（节录）

## 广东省消费者委员会诉广州悦骑信息科技有限公司消费民事公益诉讼案

**【基本案情】**

2016年7月29日，广州悦骑信息科技有限公司（以下简称悦骑公司）成立后，通过开发的“小鸣单车”App向消费者提供“小鸣单车”服务。消费者使用小鸣单车，需先下载手机App进行注册并交纳199元押金，悦骑公司承诺退还押金只需消费者申请，在退押申请后的1—7个工作日内，押金予以原路退还。自2017年8月起，广东省消费者委员会（以下简称省消委）陆续收到消费者关于悦骑公司押金逾期未退还的投诉。截至同年12月8日，省消委共收到消费者对悦骑公司的投诉2952次。省消委遂诉至法院。广东省广州市中级人民法院认为，悦骑公司开发的“小鸣单车”App是向符合条件的所有消费者开放，想用“小鸣单车”的消费者都可成为其用户，故“小鸣单车”的消费者既有现实的又有潜在的，并非仅指已在“小鸣单车”App注册的消费者，其行为既侵害了已知消费者的合法权益，亦对潜在消费者的合法权益构成损害危险，其损害的是不特定消费者群体的合法权益。根据诚实信用原则，悦骑公司将消费者交付的押金用于生产、经营，应以不超出责任财产承受能力为限，其未能及时退还押金，也未及时披露相关信息，侵害了众多不特定消费者的财产权、知情权。从现有证据看，悦骑公司主体资格并未消灭，其仍是法律上的经营主体和责任主体，应承担停止侵害等民事责任。因本案涉及社会公共利益的保护和对互联网新业态产业的规范，悦骑公司除了向“小鸣单车”运营地的公证机关依法提存未退还的押金外，还应将披露内容向注册地公证机关进行公证，并向注册地工商行政管理部门备案，便于社会监督和行政监管。悦骑公司逾期不退押金的行为给消费者造成困扰和不便，打击消费信心，应当通过公开赔礼道歉的方式请求消费者的谅解。据此，判决悦骑公司按承诺向消费者退还押金，以公众足以知晓的方式向消费者真实、准确、完整披露押金收支、使用、退还等涉及消费者押金安全的相关机制等信息，将披露内容向注册地公证机关进行公证，并向注册地工商行政管理部门备案，在《广州日报》和广东省省级以上电视台发表经该院认可的赔礼道歉声明。

**【典型意义】**

本案为“共享单车”消费公益诉讼全国第一案。本案裁判实现了对不特定消费者合法权益的保护，同时指引个体消费者可另行起诉，实现了消费者权益保护的全覆盖。在互联网经济背景下，互联网企业运营过程中埋伏着众多的风险点，本案对进一步规范互联网企业诚信经营提供司法指引，为行政机关的有效监管提供了积极参考，对促进新业态经济的健康有序发展具有重要意义。

［生效文书编号：广州市中级人民法院（2017）粤01民初445号民事判决］

## 深圳市谷米科技有限公司诉武汉元光科技有限公司等不正当竞争纠纷案

**【基本案情】**

2015年11月至2016年5月，武汉元光科技有限公司（以下简称元光公司）为了提高其开发的智能公交“车来了”App在中国市场的用户量及信息查询的准确度，由时任该公司法定代表人兼总裁的邵凌霜授意技术总监陈昴，指使公司员工刘江红、刘坤朋、张翔等人利用网络爬虫技术大量获取竞争对手深圳市谷米科技有限公司（以下简称谷米公司）同类公交信息查询软件“酷米客”App的实时公交信息数据后，无偿使用于其“车来了”App软件，并对外提供给公众进行查询。谷米公司以元光公司的上述行为违背了商业道德和诚实信用原则，构成不正当竞争为由诉至法院。

广东省深圳市中级人民法院认为，谷米公司和元光公司在提供实时公交信息查询服务软件的服务领域存在竞争关系。安装有谷米公司自行研发的GPS设备的公交车在行驶过程中，定时上传公交车实时运行时间、地点等信息至谷米公司服务器，当“酷米客”App使用者向该公司服务器发送查询需求时，“酷米客”App从后台服务器调取相应数据并反馈给用户。公交车作为公共交通工具，其实时运行路线、运行时间等信息仅系客观事实，但当此类信息经过人工收集、分析、编辑、整合并配合GPS精确定位，作为公交信息查询软件的后台数据后，其凭借预报的准确度和精确性就可以使“酷米客”App软件相较于其他提供实时公交信息查询服务同类软件取得竞争上的优势。而且，随着查询数据越准确及时，使用该款查询软件的用户也就越多，软件的市场占有份额也就越大，这也正是元光公司获取谷米公司数据的动机所在。“酷米客”App后台服务器存储的公交实时类信息数据具有实用性并能够为权利人带来现实或将来的经济利益，已经具备无形财产的属性。谷米公司系“酷米客”软件著作权人，对该软件所包含的信息数据的占有、使用、收益及处分享有合法权益。未经谷米公司许可，任何人不得非法获取该软件的后台数据并用于经营行为。元光公司利用网络爬虫技术大量获取并且无偿使用谷米公司“酷米客”软件的实时公交信息数据的行为，具有非法占用他人无形财产权益，破坏他人市场竞争优势，并为自己谋取竞争优势的主观故意，违反了诚实信用原则，扰乱了竞争秩序，构成不正当竞争行为，应当承担相应的侵权责任。据此，判决元光公司向谷米公司赔偿经济损失及合理维权费用50万元并驳回谷米公司的其他诉讼请求。宣判后，双方当事人均未提起上诉。

**【典型意义】**

本案是大数据时代出现的新类型案件，社会关注度高。本案明确了存储于权利人App后台服务器的公交实时类信息数据，具备无形财产的属性，应当属于受反不正当竞争法保护的法益。本案既准确划定了正当使用信息与不正当使用信息的界限，达到公平与效率的平衡，同时也实现了反不正当竞争法维护自由竞争和公平市场秩序的立法目的，保护了权利人的正当权益和创新热情，是审理此类“大数据”案件的良好示范。

［生效文书编号：深圳市中级人民法院（2017）粤03民初822号民事判决］

## 广州虎牙信息科技有限公司诉江海涛网络服务合同纠纷案

### 【基本案情】

江海涛网名“嗨氏”，原在战旗平台单机观众量仅过10万人。截至2013年12月20日，其游戏人生个人主页粉丝量也仅为10万人。2017年1月19日，广州虎牙信息科技有限公司（以下简称虎牙公司）、江海涛与上海关谷企业管理有限公司（以下简称关谷公司）签订了《虎牙主播服务合作协议（预付）》，约定：江海涛承诺在合作期间内，不得在与虎牙公司存在或可能存在竞争关系的现有及未来的网络直播平台及移动端应用程序（包括但不限于斗鱼直播等平台）以任何形式进行或参与直播，包括任职、兼职、挂职或免费直播；不得承接竞争平台的商业活动。自江海涛在虎牙直播平台直播以来，虎牙公司及其母公司华多公司为提升江海涛直播人气，花费大量成本，将虎牙直播平台最优质的推广资源优先提供给江海涛，为其安排承接各种外部商演活动，使其逐渐成为国内游戏直播领域顶级的网络主播，被称为“王者荣耀第一人”，其新浪微博关注度达到500万人。同年2月1日，虎牙公司、江海涛签订《直播服务补充协议》，确认虎牙公司在《虎牙主播服务合作协议（预付）》生效前，基于《主播三方合作协议》对江海涛的推广成本，含直播WEB端资源“首屏推荐直播位”等投入成本总计为2960万元。此外，花费巨资推荐江海涛参加浙江卫视举办的大型综艺节目。同年8月27日，江海涛未经虎牙公司同意，开始在与虎牙公司具有直接竞争关系的斗鱼直播平台（由武汉斗鱼网络科技有限公司运营）进行直播，首播开播前人气值就已经超过190万。上述行为造成虎牙公司经营的虎牙直播平台大量活跃用户流失。据广东鑫证司法鉴定所的《检验报告书》，通过虎牙直播平台在2017年7月22日至9月1日期间王者荣耀品类日活跃用户数量和江海涛直播间日活跃用户数量的对比，可发现自江海涛在斗鱼直播平台开播以来，虎牙直播平台的日活跃用户量显著下降。虎牙公司因江海涛违约跳槽为由提起诉讼，请求判令江海涛支付违约金并承担律师费。

广东省广州市番禺区人民法院一审认为，从合同的履行情况来看，虎牙公司在合同签订之后，依约为江海涛提供了直播平台、用户资源、网络直播及解说所需要的必要的技术支持、软硬件支持等，履行了合同约定的义务。江海涛也已经在虎牙平台上进行直播，其合同目的已经实现。从合同履行情况和结果来看，虎牙公司并不存在违约。江海涛在合作期间内，违约离开虎牙公司平台，在斗鱼直播平台直播，显属重大违约，虎牙公司有权依约向其追究违约责任。据此，判决江海涛向虎牙公司支付违约金4900万元，驳回虎牙公司其他诉讼请求。宣判后，江海涛不服，提起上诉。广东省广州市中级人民法院二审判决驳回上诉，维持原判。

**【典型意义】**

近年来，互联网直播备受年轻群体关注，直播者和直播平台通过观众打赏、插播广告、直播销售商品等方式，快速积累财富，成长为新兴产业。本案属新类型合同纠纷，社会关注度高。本案裁判立足于弘扬社会主义核心价值观，对维护契约精神、引导直播行业的健康发展、优化营商环境、营造清朗的网络空间都起到了十分积极的作用。

[生效文书编号：广州市中级人民法院（2018）粤01民终13951号民事判决]

## 郑飞诉浙江天猫供应链管理有限公司网络购物合同纠纷案

**【基本案情】**

天猫超市是浙江天猫供应链管理有限公司（以下简称天猫公司）经营的网上超市。天猫公司于2018年7月7日23点55分发布商品优惠信息，网页显示：帮宝适拉拉裤XL128片，价格为189元，领券满199元减20元，7月10日0点开抢，前5分钟单箱39.9元，每人限购5箱，23点59分前付款，次日达。郑飞于次日21点左右浏览到该优惠信息，遂将5件商品加入购物车，并将商品链接发布到微信群，相约其亲属在7月10日0点抢购。天猫公司于同月9日9点44分更改了商品展示页面，删除了“前5分钟单箱39.9元”字样，并变更抢购开始时间为同月10日10点。郑飞及其亲属在10日0点打开购物车后，发现购物车里面的商品不能支付，抢购开始时间已变更，未发现“前5分钟单箱39.9元”的优惠，最终只能以189元的价格购买案涉商品一箱。后郑飞与天猫公司客服交涉，双方未达成一致意见。郑飞认为天猫公司发布的商品信息应当视为要约，擅自撤回促销信息构成违约，属于欺诈，请求判令天猫公司赔偿损失1元以及赔礼道歉。

广东省广州市互联网法院一审认为，首先，天猫公司通过网络向不特定多数人发布的商品促销信息，内容具体确定，体现了只要买家按活动规则下单付款天猫公司即可发货的意思表示，该类促销信息应当视为要约。其次，天猫公司发布的促销信息传递出强烈而确定的出售意愿，特别是在电商平台用户数量众多、促销信息传播迅速的网络环境下，上述促销信息可能会对众多消费者产生影响。郑飞有理由相信，天猫公司作为专业电商经营者，对网络促销特点有充分认识，会专业、审慎地发布促销信息，因而对天猫公司信守承诺，不撤销该促销信息寄予合理信赖，故该促销信息应属不可撤销的要约。天猫公司撤销促销信息的行为，有违诚信原则，不仅使郑飞为抢购所作的准备工作化作徒劳，而且给其带来不满和困扰，损害了郑飞的信赖利益，天猫公司应承担赔偿责任。最后，民事责任中的赔礼道歉，适用于自然人人格利益受到侵害的情形，具有人身性质。虽郑飞经历了一次不愉快的网购，但尚不构成信赖利益损失之外的独立损失类型，且郑飞没有证据证明天猫公司具有侵害其人格尊严的主观意图和行为，故对其要求天猫公司赔礼道歉的请求不予支持。宣判后，双方当事人均未提起上诉。

**【典型意义】**

本案作为广州互联网法院成立以来首次开庭并当庭宣判的案件，敲响该院揭牌成立以来的第一槌，为服务涉网纠纷化解、实现网络空间治理法治化进行了有益探索。“一块钱诉讼”标的虽小，但体现了公众积极、主动、理性参与我国网络空间治理的新需求、新期待，案件的高效审理回应了公众司法需求，为电子商务交易平台规范经营提供了有效司法指引，对营造公平诚信、健康清朗的网络环境，鼓励多元主体共同为网络空间治理法治化贡献智慧具有积极意义。

[生效文书编号：广州互联网法院（2018）粤0192民初106号民事判决]

# 美商 NBA 产物股份有限公司诉青岛零线互动网络技术有限公司、成都蓝飞互娱科技有限公司不正当竞争纠纷案

【基本案情】

美商 NBA 产物股份有限公司（以下简称美商公司）系美国职业篮球联盟（NBA）的运营商，享有 NBA 及其成员相关识别标志权利并进行服务制造、营销等商业化运用的权利。美商公司将 NBA30 支球队名称和队标都在中国进行了商标注册。美商公司中文官方网站、百度百科、腾讯网 NBA 数据库等均有对多名 NBA 球员姓名、绰号、肖像、所属球队、位置、简历和技术特点，对多名教练和管理层姓名、绰号、肖像、简历、球员特点和技术统计进行详细介绍。美商公司认为以上球员的集体肖像、技术特征、绰号、队名标识等识别特征元素集合构成 NBA 特征识别库，系美商公司商业化运营的财产性权益。美商公司授权上海蛙扑网络技术有限公司（以下简称蛙扑公司）在中国大陆的卡牌类手机游戏上使用 NBA 标识、NBA 集体肖像、NBA 特征识别库，蛙扑公司推出了“NBA 梦之队”等网络游戏，游戏中的球员以 NBA 球员真人形象体现。青岛零线互动网络技术有限公司（以下简称零线公司）与成都蓝飞互娱科技有限公司（以下简称蓝飞公司）合作开发“萌卡篮球”游戏软件。“萌卡篮球”游戏中的球员、教练、管理层人员均以卡通形象出现，姓名、绰号、球员所处位置、球队名称等技术特点能与真实的 NBA 球队对应。“萌卡篮球”后被投诉下架后，更名为“萌卡 MC”重新上架。美商公司、蛙扑公司以蓝飞公司、零线公司等在“萌卡篮球”和“萌卡 MC”游戏中模仿使用 NBA 识别特征库，构成不正当竞争为由，向法院提起诉讼，请求判令蓝飞公司、零线公司等停止实施不正当竞争行为并赔偿其经济损失。

广东省高级人民法院二审认为，美商公司和蛙扑公司在该案所主张保护的 NBA 特征识别库，实质上是由众多富有特征的个体形象、特征要素和标识共同集合而成的 NBA 集体形象的商品化权益。而且，与一般的商品化权益不同，该案涉及的不是某一个体形象，而是集体形象，因此由运营维护 NBA 并对相关标识享有权益的美商公司寻求法律救济，并不存在法律障碍。美商公司已经提供大量证据，证明在美商公司的积极运营下，涉案 NBA 识别元素集合（即

美商公司所称的 NBA 特征识别库）客观上已在中国境内对 NBA 集体形成了可识别性和稳定的指向性，美商公司对该识别元素集合进行长期运营并事实上已在游戏领域进行商业化使用，以上构成了美商公司在该案主张商品化权益的完整基础。而被诉游戏并非仅仅使用某一 NBA 元素，也不仅仅将 NBA 联赛作为游戏背景和情节，而是将大量 NBA 识别元素运用于整个游戏中，游戏中的大量球员、教练、管理层人物形象乃至相关姓名、绰号和技术特点，球队名称、清单和队标均与美商公司现实运营的 NBA 球队相对应。这种使用范围甚至达到如果停止使用相关识别元素，该游戏将完全无法运行的程度。可见被诉游戏对相关识别元素的使用远远超出了合理使用和正当使用所应当遵守的必要范围，而是足以引起市场混淆、误认的全面模仿使用，此已明显违反诚实信用原则和公认的商业道德，构成不正当竞争。考虑美商公司经营的 NBA 联盟及相应识别标识集合的商业价值、零线公司与蓝飞公司的侵权行为、主观恶意、获利情况以及合理维权费用等五方面因素，一审法院确定的 300 万元判赔额并无不当。据此判决驳回上诉，维持原判。

**【典型意义】**

本案涉及全球知名篮球赛事 NBA 联赛及其识别元素的商品化权益保护，备受社会各界关注。被诉行为将众多具有识别特征的元素转化运用在网络游戏中，侵害的是 NBA 联盟整体形象权益。本案裁判对此类识别特征元素集合给予反不正当竞争法保护，制止被诉游戏全面模仿和不正当使用相关识别特征元素的行为，彰显了在市场竞争中倡导遵循诚实信用原则、遵守商业道德的知识产权司法保护态度。同时，审慎适用反不正当竞争法原则性条款，合理保护集体形象商品化权益，对网络游戏经营者诚实经营、规范竞争也起到了良好引导作用。本案被《中国知识产权报》评为“2018 年知识产权十大热点案件”。

［生效文书编号：广东省高级人民法院（2017）粤民终 1395 号民事判决］

# 深圳市蓓利思商贸有限公司诉广州互众商贸发展有限公司网络服务合同纠纷案

**【基本案情】**

深圳市蓓利思商贸有限公司（以下简称蓓利思公司）委托广州互众商贸发展有限公司（以下简称互众公司）为其品牌服装在网络销售平台“某某衣橱”代理上线销售业务。蓓利思公司为此支付平台拓展费。互众公司先后变更了几个网络销售平台代理蓓利思公司的品牌服装，但销售量均较低，之后双方就变更其他网络销售平台未达成一致，互众公司遂将蓓利思公司的产品从“某某衣橱”下架，未继续履行合同。蓓利思公司诉至法院，要求解除合同、互众公司返还平台拓展费20000元并赔偿利息。

广东省广州市荔湾区人民法院一审认为，互众公司没有履行线上代销义务，致使双方合同目的不能实现，蓓利思公司作为守约方，有权解除合同。结合合同已实际部分履行和违约情况考量，酌情支付部分合同对价，据此确认合同解除，互众公司限期向蓓利思公司返还品牌拓展费12000元及利息，并驳回蓓利思公司的其他诉讼请求。宣判后，双方当事人均未提起上诉。

**【典型意义】**

本案系网络运营平台代理线上销售业务的合同纠纷。近年来，随着网络购物快速发展，各种购物网站和网络运营平台大量涌现，生产商利用网络运营平台代理网络销售的需求激增。由于网络销售量具有依赖销售时间、点击量、点赞率、成交量、评价记录等数据的特点，网络销售平台不宜随意变更。本案裁判对规范网络销售行为，促进代理商诚实信用运营，营造法治化营商环境具有重要意义。

［生效文书编号：广州市荔湾区人民法院（2018）粤0103民初3589号民事判决］

# 尹俭恣诉安心财产保险有限责任公司财产保险合同纠纷案

## 【基本案情】

尹俭恣为其所有车辆在安心财产保险有限责任公司（以下简称安心财险公司）处投保了相应保险。安心财险为互联网保险，投保、理赔均在互联网上进行，尹俭恣投保后收到安心财险公司邮寄的保险单，但未收到《安心财产保险有限责任公司机动车综合商业保险免责事项说明书》《中国保险行业协会机动车综合商业保险示范条款》。2017 年 6 月，尹俭恣在倒车停车过程中碰撞登记车主为戴慧红的车辆，造成两车损坏的交通事故。事发后，尹俭恣联系安心财险公司客服报案，根据客服要求拍照上传至安心财险公司平台定责定损，并提交相应证据，未报交警。尹俭恣修好车辆后要求安心财险公司理赔时，安心财险公司主张案涉事故无法查清事实、原因，且尹俭恣不配合验车致使安心财险公司无法定损，根据案涉保险条款的约定，安心财险公司无须赔偿。尹俭恣诉至法院，请求安心财险公司赔付车辆维修费 1250 元、已赔付戴慧红车辆维修费 16600 元，合计 17850 元。

广东省东莞市第一人民法院一审判决支持尹俭恣全部诉讼请求。宣判后，双方当事人均未提起上诉。

## 【典型意义】

本案系互联网保险合同纠纷。近年来，随着互联网的快速发展，互联网投保因其方便快捷的优势日渐成为人们喜爱的投保方式。互联网保险不仅为投保人提供了线上投保、拍照定损、快速理赔等方式等便捷的保险服务，还为互联网情形下保险条款的提示及说明、无纸化运营下的取证及证据保管等，也给投保人带来了新困扰。本案的处理，对保护投保人或被保险人的合法权益、完善互联网保险运营方式有积极意义。

［生效文书编号：东莞市第一人民法院（2018）粤 1971 民初 124 号民事判决］

# 2018年度上海法院金融商事审判十大案例

## 案例一

## 金融机构有义务及时更正错误征信信息

——陈某与甲银行侵权责任纠纷案

### 【裁判要旨】

信用是社会成员对民事主体经济上的评价，以其经济生活中的可靠性或支付能力为内容。侵犯个人信用利益，并不以错误信用信息的广泛传播为构成要件。银行等金融机构违反监管规定，不及时更改错误征信信息，造成相对方损失的，应承担相应赔偿责任。

### 【基本事实】

甲银行与陈某于2013年3月12日签订《借款合同》。根据合同约定，甲银行于2013年3月13日向陈某发放贷款人民币422万元（以下币种同），借款期限为12个月。涉案贷款到期时，陈某未按时偿还本息。双方于2014年5月28日达成《和解协议》，就涉案贷款的本金、利息、费用等还款金额及还款期限重新作出约定。陈某在2014年6月、7月、8月均按此《和解协议》偿还了欠款。至2014年9月底，陈某尚欠部分逾期利息、律师费，但甲银行告知其可以减免部分律师费和罚息。2014年9月30日，账户状态为“结清”。2014年10月17日，甲银行以“贷款还清”为由注销涉案抵押权。

2015年10月22日，因办理贷款业务，乙银行向征信系统查询了陈某的征信信息，查询的结果显示陈某仍有 79353 元贷款逾期未还。陈某要求甲银行更正其征信信息，但甲银行未予更正。陈某遂起诉请求甲银行变更其征信信息，并要求其承担损害赔偿责任。甲银行在诉讼期间更正了征信信息，但认为该错误信息没有得到广泛传播，并未侵犯其个人名誉，故不构成侵权。

**【裁判结果】**

上海市高级人民法院于 2018 年 7 月 30 日作出（2018）沪民再 13 号民事判决：甲银行赔偿陈某 1 万元。

**【裁判理由】**

法院认为，信用是社会其他成员对民事主体经济上的评价，是以经济生活中的可靠性或支付能力为内容。与名誉权相比，信用虽然也是一种社会上的评价，但两者的保护范畴不同，在其构成要件上也存在差异。我国《征信业管理条例》第四十条规定，向金融信用信息基础数据库提供或者查询信息的机构未按照规定处理异议或者对确有错误、遗漏的信息不予更正，给信息主体造成损失的，应依法承担民事责任。该条规定并未将错误信息的广泛传播作为责任构成要件。甲银行以错误信息未广泛传播为由主张不构成侵权的理由，欠缺法律依据。再审申请人为排除侵权行为，历经自行维权和诉讼，产生多项费用，其损失与甲银行未及时更正错误信息的行为之间存在相当因果关系，甲银行应予赔偿。法院酌情确定赔偿金额为 1 万元。

**【裁判意义】**

现代经济是信用经济，良好的信用已经成为企业及个人正常开展经济活动的重要条件。就个人而言，征信信息直接影响其获得贷款、申领信用卡等金融服务，甚至对其求学、就业、出国等越来越多的领域产生影响。银行等金融机构作为个人征信信息的重要提供者，应当严格遵守相关监管规定，真实、准确、及时地报送征信信息，避免因信息错误侵犯个人权益。本案判决明确金融机构违反相关规定，不及时更改错误征信信息，造成相对方损失的，应承担相应赔偿责任，将有利于规范行业行为，维护当事人信用利益。

## 案例二

# 发卡行有权依约根据持卡人资信状况调整信用卡额度

——邱某与甲信用卡中心信用卡纠纷案

### 【裁判要旨】

信用卡领用合约中，当事人关于发卡行有权根据持卡人资信状况变化调整信用卡额度的约定有效。持卡人是否发生约定的“资信状况变化”，可以从案涉信用卡逾期还款次数、逾期还款金额和时间以及持卡人其他信用卡还款情况等方面，综合予以判定。

### 【基本案情】

2012 年 9 月 6 日，邱某（乙方）向甲信用卡中心（甲方）申请办理信用卡并填写申请表。申请表上，邱某手写“本人已阅读全部申请材料，充分了解并清楚知晓该信用卡产品的相关信息，愿意遵守领用合同的各项规则”，并且签名确认。关于信用额度调整，《领用合约》第二条第一款约定：“甲方有权根据乙方资信状况的变化随时调整其信用额度并以电话、书面或其他方式通知乙方。该调整一经甲方作出即对乙方具有约束力。”合同签订后，甲信用卡中心向邱某发放信用卡，信用额度为 2 万元。2012 年 11 月，2013 年 3 月、6 月、9 月，2014 年 2 月、3 月，2017 年 5 月、6 月，2018 年 3 月，案涉信用卡均发生逾期还款。原告持有的其他四家银行信用卡也在 2017 年存在多次逾期还款。2018 年 3 月 29 日，甲信用卡中心以短信方式通知邱某调减信用额度至 1 万元。邱某遂诉至法院，要求恢复案涉信用卡原有信用额度 2 万元。

### 【裁判结果】

上海市浦东新区人民法院于 2019 年 1 月 10 日作出（2018）沪 0115 民初 52721 号民事判决：驳回邱某的诉讼请求。判决后，双方当事人均未上诉，判决已发生法律效力。

【裁判理由】

法院认为：首先，《领用合约》第二条第一款符合《商业银行信用卡业务监督管理办法》第五十二条的规定。虽然上述约定和法律规定未明确资信状况的具体标准，但是就本案而言，邱某出现的案涉信用卡还款逾期以及其他银行信用卡还款逾期，显然属于“资信状况变化”的通常理解范围。其次，甲信用卡中心由此调减邱某信用额度，固然在一定程度上限制了邱某持卡交易的权利，但亦相应地减少了邱某在资信状况恶化情况下、继续持卡交易后无力还款的信用风险，同时该调减也限制了甲信用卡中心的利息收益，故该调减对邱某而言并未显失公平。最后，《领用合约》第二条第一款约定的信用额度调整涉及的是发卡银行承担垫付义务的范围，而非发卡银行的责任限制或者免除，并且该调整既包括调减也包括调高，故法院对邱某提出的甲信用卡中心对免责格式条款未提示和说明的理由亦不予支持。综上，甲信用卡中心有权依据《领用合约》的约定单方调减邱某案涉信用卡的信用额度。

【裁判意义】

随着信贷政策变化以及金融消费者维权意识的增强，持卡人要求恢复信用卡授信额度的案件持续增多。从行政监管、风险防控角度而言，案涉调整授信额度条款并未违规。针对“资信状况”的解释问题，法院以诚信为价值导向，从还款逾期次数、逾期金额和时间、还款方式等角度，判断资信状况是否发生变化，提供了“资信状况变化”的审查判断参考标准。本判决体现了信用卡交易的诚信原则和契约精神，有利于提高金融消费者的守约意识和信用意识，规范金融交易行为。

## 案例三

# UCP600 下信用证通知行表面审核义务的司法裁量原则

——甲公司诉乙银行信用证纠纷案

### 【裁判要旨】

根据《跟单信用证统一惯例》（UCP600），通知行仍负有审核信用证表面真实性的义务，其确认表面真实性应基于合理理由。以密押 SWIFT 电文（环球同业银行金融电讯协会的电文系统）向开证行求证属于合理有效的审核方式。SWIFT 电文内容有歧义时，应当根据电文发送背景和目的判断通知行的理解是否合理。交单行、议付行对同一电文内容的理解可用于横向比较通知行的理解是否合理。

### 【基本案情】

乙银行（通知行）向受益人甲公司通知了一份由美国某银行（开证行）开立的不可撤销跟单信用证。甲公司与乙银行先后收到邮件寄送的修改件，为核实修改件的真实性，乙银行向开证行发送 SWFIT 电文进行询问。开证行在回复中确认系争两份信用证（原文用语为"L/C'S"）的真实性，并请通知行尽快通知到受益人。之后，乙银行向甲公司通知了修改件。甲公司根据修改后的信用证办理货物出口运输手续并委托丙银行（交单行）向开证行交单请付。开证行以单证不符为由拒付，并表示未对信用证进行过修改。甲公司出口的货物因信用证遭拒付被滞留目的港，无法办理退运或转港手续，后诉至法院，请求判令乙银行对其货款损失承担赔偿责任。

### 【裁判结果】

上海市第一中级人民法院于 2017 年 9 月 24 日作出（2017）沪 01 民初 227 号民事判决：驳回甲公司的诉讼请求。宣判后，甲公司提出上诉。上海市高级人民法院于 2018 年 12 月 3 日作出（2017）沪民终 408 号民事判决：驳回上诉，维持原判。

【裁判理由】

法院认为：《跟单信用证统一惯例》（UCP600）第九条规定，通知行通知信用证及修改的行为表示其已确信其表面真实性，由此可见，通知行负有审核信用证表面真实性的义务。与前一版本即UCP500相比，UCP600未使用“通知行应合理审慎地审核信用证表面真实性”这一表述，是为避免“合理审慎”这一弹性较大的用语在不同国家和地区产生不同理解，但毫无疑问，通知行“确信信用证表面真实性”仍应基于合理理由。

通知行对信用证及修改的审核限于表面真实性，审核方式应符合国际银行实务惯例，以一个理性银行信用证业务人员运用与其专业知识及普通常识能够做到的注意和谨慎为参考，以密押SWIFT电文向开证行求证属于合理有效的审核方式。本案争议的主要内容是SWIFT电文中“L/C'S”的含义，究竟是指信用证还是信用证的修改件。“L/C”是信用证（Letter of Credit）的缩写，但在系争SWIFT电文中，“L/C”有时也指信用证的修改件。另外，“L/C'S”中的“S”有时表示所属关系，有时表示复数。当SWIFT电文内容有歧义时，应当根据电文发送的背景和目的来判断通知行的理解是否合理。乙银行已将信用证通知甲公司，并明确要求开证行确认信用证修改件的真实性，而开证行回复内容中对信用证有无修改、是否邮寄过信用证修改件均未作出否定表示，而是确认两份“L/C'S”的真实性并请乙银行尽快将两份“L/C'S”通知到受益人。在此情况下，乙银行有理由相信开证行的上述回复电文确认了信用证修改件的真实性。作为交单行的丙银行对上述电文作出了与乙银行相同的理解，可以横向比较乙银行在审核信用证修改件时不存在重大过错。综上，乙银行确认系争信用证修改件的表面真实性具有合理的理由，其向甲公司通知该修改件并无不当。

【裁判意义】

随着一带一路倡议持续推进以及我国对外开放步伐不断加快，作为跨境交易支付重要手段的国际信用证业务，将伴随跨境交易规模的扩大而增多。相较UCP500而言，UCP600就信用证通知不再使用“合理审慎”的表述，在实践中引发了“通知行是否仍需审核以及如何审核信用证表面真实性”的争论，本案即为其中的典型代表。由于UCP600要求通知行“确信表面真实性”基于合理理由，因此其仍负有相应的审核义务，审核的方式应当符合行业惯例，同时尽到“一个理性银行信用证业务人员运用与其专业知识及普通常识能够做到的注意和谨慎”。SWIFT 电文系统是国际银行间数据交换的标准语言，也是电开信用证的最主要方式，因此以加密 SWIFT 电文求证信用证的真实性属于合理的审核方式。电文传输常使用省略语，难免会发生歧义，此时需以通知行视角为出发点，结合发文目的和背景作合理解释。同一信用证业务中的其他银行对同一电文的理解，可以横向比较通知行的理解是否合理。本案裁判所阐释的司法裁量原则，回应了信用证实务中关于通知行审核义务的争论，为通知行规范审核行为提供了有益借鉴，为国际信用证业务的健康发展提供了良好的司法保障。

## 案例四

# 银行应与客户约定电子密码器支付限额并进行风险揭示

——施某诉甲银行储蓄存款合同纠纷案

### 【裁判要旨】

电子银行业务因缺乏柜台操作监控环节，存在资金非正常划转的高风险。客户具有账号信息和密码保管义务，在银行已经尽到各技术环节审核提示义务后，因自行泄露密码导致损失的，由客户自担。同时，金融机构在为客户开通电子银行业务时，应明示手机银行、网上银行的风险与区别，告知并赋予客户对外支付限额选择权，特别提示电子密码器高额转账风险。金融机构就影响客户资金安全的重要内容未协商或披露不充分的，需承担相应责任。

### 【基本案情】

2010 年 2 月 6 日，施某到甲银行处申请开设理财金账户，领取尾号为 0923 理财金账户卡。之后，施某连续接到自称警方人员的电话，要求施某协助警方办案，将名下全部资金归集到工商银行账户，并要求施某办理电子密码器以便冻结资金。2016 年 12 月 28 日，施某到甲银行营业场所的智能终端机处，向甲银行工作人员表示要开通网上银行，在甲银行工作人员指导下，施某以理财金账户卡在智能终端机上开通了网上银行和手机银行，领取了电子密码器和电子银行注册回单。当日，施某工商银行账户的418791.98元分多次转出至案外人账户。此后，施某将其他存款通过柜面转账和ATM机操作，先后归集到涉案账户。款项入账后，经手机银行操作陆续转出至案外人账户。从12月28日起至12月30日止，上述转款行为持续三天，转出金额每次不超过5万元，共计27次，总金额1253188元。同年12月31日，施某到上海市公安局虹口分局广中路派出所报案。2017年1月5日，虹口分局向施某出具立案告知书，以涉嫌诈骗罪立案。此后，施某起诉要求甲银行承担赔偿责任。

**【裁判结果】**

上海市虹口区人民法院于2018年3月29日作出（2017）沪0109民初11101号民事判决：甲银行应赔偿施某损失25万元；驳回施某其余诉讼请求。施某、甲银行均不服一审判决提起上诉。上海市第二中级人民法院于2018年7月27日作出（2018）沪02民终5232号终审判决：驳回上诉，维持原判。

**【裁判理由】**

法院认为，关于本案中各方当事人的责任分担：

一方面，施某损失产生的直接原因系施某未履行密码保管义务。涉案转账行为持续三天，施某对其账户资金及银行交付的凭证、密码器及说明书缺乏基本的审慎和注意。施某还听信诈骗电话主动归集大额资金到涉案账户，在归集资金转账过程中，忽视甲银行以“银行柜面业务告知单”方式作出的防诈骗风险提示，造成损失数额进一步扩大。因此，施某应对其损失承担主要责任。

另一方面，中国人民银行261号文规定银行在为存款人开通非柜面转账业务时，应当与存款人签订协议，约定非柜面渠道向非同名银行账户和支付账户转账的日累计限额、笔数和年累计限额等。甲银行未按人行规定与施某约定对外支付限额，径行按其《个人电子银行交易规则》中的最高支付限额操作，其在开展电子交易业务时缺乏对客户合同权利的尊重，违反人民银行相关规定，存在不当。而且，甲银行未就手机银行与网上银行的区别及不同风险，尤其未就对外支付的不同限额向施某作出明确告知，影响施某对使用电子银行风险的知情和预判，导致施某在大额钱款短时间内迅速被转出的情况下，丧失了发现异常并醒悟制止的时间保障和限额保障。此外，甲银行在开通电子银行的

《客户须知》中，仅列明“致U盾客户的特别风险提示”，并未在开通电子银行过程中以显著方式直接告知施某密码器的使用风险，未在储户勾选认证介质时同步就该介质风险进行释明，仅事后告知施某自行查看说明书，风险提示尚不够充分，与电子密码器的大额支付风险不相匹配，亦存在过错。

综合考虑双方过错与损失的因果关系，法院酌定甲银行赔偿施某资金损失25万元。

**【裁判意义】**

在智能化时代，银行的离柜金融服务高度依赖系统程序判定交易主体的身份，与面对面的人工审查相比，电子银行账户的实际操作人更易脱离于账户持有人，由此银行应承担更重的保障储户账户安全的义务。对于电子密码器这一新型身份认证模式，法院认定银行和储户之间就电子银行开通方式、对外支付的交易限额等内容应纳入合同进行明确约定。同时，基于服务合同的附随义务，银行应就电子密码器使用风险、手机银行与网上银行等电子银行的区别及不同风险等重要信息进行披露和告知，尊重和保护储户选择权和知情权。鉴于当下手机银行和网上银行普遍使用，上述原则的确立，对于保护金融消费者的权益具有重要意义。同时，仍明确违反密码保管义务和防止损失扩大义务的储户应负主要责任，引导储户树立正确的风险防范意识。

**案例五**

## 当事人的约定不能对抗电子商业汇票系统中的记载

### ——甲证券公司与乙保理公司、丙公司、丁公司等票据追索权纠纷上诉案

**【裁判要旨】**

各方当事人签订协议，约定电子商业汇票系统中载明的质权人作为实际质权人的代理人在电子商业汇票系统中持有票据。根据票据法的规定，此时应认定质权人为电子商业汇票系统所载明的人，而不是当事人自行约定、未在电子

商业汇票系统中载明的人。当事人的约定不能突破票据的文义性特征。

**【基本案情】**

2016 年 1 月，丙公司与丁公司签订《购货合同》，约定丙公司向丁公司购买铜精矿等。同年 4 月 1 日，丙公司作为出票人和承兑人开具电子商业承兑汇票一张，载明收款人为丁公司，票据金额为 99995447.20 元，到期日为 2017 年 3 月 21 日。2016 年 3 月，丁公司与乙保理公司签订《应收账款转让合同》，约定丁公司将其对丙公司享有的应收账款债权转让给乙保理公司。同年 4 月，丁公司将系争电子商业承兑汇票背书转让给乙保理公司。

之后，乙保理公司与甲证券公司签订《资产买卖协议》，约定乙保理公司将包括上述 99995447.20 元债权在内的若干项资产转让给甲证券公司。双方又签订《票据质押协议》，约定乙保理公司以系争汇票设定质押，作为丙公司履行货款支付义务的担保。甲证券公司、乙保理公司还与戊银行签订《票据服务协议》，约定乙保理公司将系争汇票出质给甲证券公司，戊银行作为票据服务银行和质权人的代理人，在电子商业汇票系统中持有票据，并提供质押票据的审验、保管和提示付款等服务。在电子商业汇票系统中，质权人登记为戊银行。2017 年 3 月 21 日，戊银行就系争汇票进行提示付款，因承兑人账户余额不足被拒付。

2017 年 10 月 12 日，甲证券公司起诉请求判令乙保理公司向其支付汇票金额 99995447.20 元及相应利息，并判令丙公司、丁公司对乙保理公司的上述义务承担连带清偿责任。

**【裁判结果】**

上海市高级人民法院于 2019 年 5 月 24 日作出（2018）沪民终 241 号终审判决：驳回甲证券公司的诉讼请求。

**【裁判理由】**

法院认为，首先，根据《票据法》第四条第二款的规定，持票人行使票据权利，应当按照法定程序在票据上签章，并出示票据。系争汇票背书显示出质人为乙保理公司，质权人为戊银行，并无甲证券公司的相关记载，甲证券公司并非系争汇票权利人。其次，根据《票据法》第三十一条的规定，以背书转让的汇票，背书应当连续。持票人以背书的连续，证明其汇票权利；非经背书转让，而以其他合法方式取得汇票的，依法举证，证明其汇票权利。因系争汇票系由乙保理公司直接背书质押给戊银行，甲证券公司并没有取得并持有该票据。最后，甲证券公司主张其是系争汇票真正的质权人，戊银行只是其票据权利的代理人。根据《票据法》第五条第一款的规定，票据当事人可以委托其代理人在票据上签章，并应当在票据上表明其代理关系，但本案系争汇票并未载明戊银行为甲证券公司的代理人。

综上，甲证券公司既未按照法定程序在票据上签章，又未以其他合法方式取得票据，在票据上也看不出由戊银行代理其持有票据的字样，故甲证券公司关于其为系争汇票的合法持票人的主张难以成立，其向乙保理公司、丙公司、丁公司行使票据追索权亦无事实和法律依据。甲证券公司可待戊银行行使票据追索权后，根据涉案《票据服务协议》向戊银行主张相应权利。

**【裁判意义】**

本案涉及当事人约定的票据质权人与电子商业汇票系统中的记载不一致时如何认定的问题。根据票据的文义性特征，票据上的一切权利义务必须严格依照票据上记载的文义而定，文义之外的任何理由及事项均不能作为根据。我国《票据法》中的多个条文即是票据文义性特征的体现，无论是传统纸质票据还是电子票据，在法无特殊规定的情况下均应遵循。虽然电子票据产生于《票据法》制定之后，但其相对传统纸质票据而言是发展而非颠覆，电子商业汇票系统亦在不断发展完善中。本案二审判决重申票据的严格文义性，明确当事人的约定不能对抗电子商业汇票系统中的记载，对于维护票据交易的安全与效率具有重要意义。

## 案例六

# 短期出口信用综合险中销售合同无效并不导致保险合同无效

## ——甲公司诉乙保险公司财产保险合同纠纷案

**【裁判要旨】**

短期出口信用综合险的保险利益是被保险人对保单期限内所有出口贸易回收货款的利益，出口贸易销售合同被认定无效，不必然导致出口信用保险合同无效，投保人无权要求退还保险费。

**【基本案情】**

甲公司向乙保险公司投保短期出口信用综合保险，约定乙保险公司对甲公司在保单有效期内按销售合同规定的条件出口货物后，因商业风险和政治风险引起的直接损失承担保险责任。自2009年4月起，甲公司为其代理丙公司与两家日本买方之间的相关出口业务向被告申报并结算相关保险费。自2013年2月起，甲公司未能自两家日本买方处收回相关款项。2015年8月25日，法院认定案外人黄某等人冒充两家日本买方，利用丙公司等虚构出口贸易骗取国家出口退税款。甲公司向乙保险公司提出理赔申请遭拒后，以出口贸易合同不真实、不合法，向乙保险公司主张退还涉及其与两家日本买方相关贸易的保险费1316507.30美元并赔偿利息损失。

**【裁判结果】**

上海市静安区人民法院于2018年7月12日作出（2017）沪0106民初42967号民事判决：驳回甲公司的全部诉讼请求。判决后，甲公司提出上诉。上海市第二中级人民法院于2019年1月21日作出（2018）沪02民终10680号民事判决：驳回上诉，维持原判。

**【裁判理由】**

法院认为，案件的争议焦点为：甲公司与两家日本买方所签销售合同的效力，是否影响其与乙保险公司签订保险合同的效力。

首先，短期出口信用综合险采用统保原则，被保险人适保范围内的全部出口，必须全部投保并按时申报。在保险合同订立时，具体的出口贸易尚未开展，投保人以其或有的所有应收账款向保险人投保，保险标的为保单期限内被保险人所有出口贸易的应收账款，保险利益指被保险人对所有出口贸易应收账款的利益，而非自具体、特定的进口商处收取货款的利益。

其次，现行保险法不以投保人对保险标的具有保险利益为保险合同的生效要件。被保险人对保险标的不具有保险利益的，法律仅规定其不得向保险人主张保险金。

再次，短期出口信用综合险的保险费总金额取决于投保人的预估出口申报金额、双方约定的最高赔偿限额等，单一的出口贸易合同标的仅涉及保险费的计算方式，其相应缴纳的保险费并非针对该笔出口。保险人所承保的整个保险期间内被保险人所有应收账款无法回收的风险是一个整体，不具有可分性，保险费亦不具有可分性。

最后，订立保险合同时保险人对被保险人是否存在无争议的应收账款无法获知，投保人对其签订的出口销售合同可能存在的效力瑕疵并不明知，双方主观认为承保风险存在而订立保险合同，投保人不能以事后的客观状况与事前的主观认知不一，而主张合同无效而要求退还保险费。从法律规定、合同约定来看，即使不存在承保风险亦不必然导致投保人有权要求退还保险费。

综上，甲公司主张其无保险利益，涉案保险合同因销售合同无效而无效的主张不能成立，其要求退还保险费的主张并无法律或合同依据。

**【裁判意义】**

出口信用保险是各国政府推动本国出口和对外投资、保障本国出口商和投资者权益、由国家财政提供保险风险基金的政策性保险业务，在促进国家对外经济贸易与海外投资增长、支持企业走出去等方面，发挥着越来越重要的作用。实践中，保险人以不存在真实贸易关系而拒赔产生大量的纠纷。在被保险人与特定买方间不存在真实合法有效出口销售合同的情形下，通常保险人不承担赔付责任。但是在此情况下，被保险人起诉以出口销售合同无效主张退还保险费的案件较为鲜见。本案裁判结果明确了在短期出口信用综合险业务中，投保人无权以出口销售合同无效为由要求退还保险费，符合出口信用保险行业的客观规律，填补了该类纠纷处理的规则空白，有利于促成实现出口信用保险助力我国企业贸易出口与海外投资的政策目标。

## 案例七

# 货物承运人有权以合同约定的责任限额对抗保险人侵权赔偿请求权

——甲保险公司与乙物流公司保险人代位求偿权纠纷案

### 【裁判要旨】

货物运输合同履行过程中托运人财产遭受损失，承运人存在侵权责任与合同责任竞合的情形下，托运人或其保险人要求承运人承担侵权责任的，不能排除承运人依据货物运输合同享有的责任限额等抗辩权。

### 【基本案情】

2011年11月11日，丙公司与乙物流公司签订《货物运输服务合同书》，在“责任与赔偿”一节中约定“（发生货损后）货物能修复的：按接近市场价的修理费赔偿，但最高不超过20元（人民币）/千克”。丙公司在甲保险公司处投保货物运输保险。2012年3月21日，涉案车辆载运丙公司的ATM柜员机模块从上海运往深圳，途中发生交通事故。公安机关判定车辆驾驶员高某负事故的全部责任。根据公估结果，货物损失金额1464745元。2012年7月27日，甲保险公司向丙公司进行了全额理赔。2016年2月，甲保险公司提起诉讼主张保险人代位求偿权，要求乙物流公司承担侵权赔偿责任。乙物流公司依据《货物运输服务合同书》约定的责任限额提出抗辩。

### 【裁判结果】

上海市第二中级人民法院于2018年2月1日作出（2017）沪02民终6914号民事判决：乙物流公司应赔偿甲保险公司115500元及相应利息损失。

【裁判理由】

法院认为，本案中，承运人乙物流公司存在合同责任和侵权责任竞合的情形，丙公司有权择一主张，甲保险公司依据保险人代位权亦享有同等权利。甲保险公司明确其请求权基础为侵权赔偿，并据此主张侵权之诉不应受合同约定中关于赔偿限额的约束。鉴于相关法律对该问题并未作出明确规定，法院应当遵循自愿、公平、诚实信用的基本原则，合理平衡当事人利益。在责任竞合的情况下，如果允许一方选择侵权赔偿，并基于该选择排除对方基于生效合同享有的抗辩权，不仅会导致双方合同关系形同虚设，有违诚实信用原则，也会导致市场主体无法通过合同制度合理防范、处理正常的商业经营风险。因此，无论一方以何种请求权向对方主张合同明确约定的事项，均不能排除对方依据合同享有的抗辩权。结合本案具体情况，乙物流公司关于按照每千克20元确定赔偿限额的主张符合合同约定，应予采纳。

【裁判意义】

本案裁判明确了责任竞合下侵权主张与合同抗辩的关系问题，也强调了对商事主体意思自治的尊重和保护。商事主体均具有一定的商业判断能力，应受其所作行为的约束，如允许一方主体可以通过选择性诉权躲避其自身对某行为后果作出的承诺，不仅有违诚信，让双方约定变成一纸具文，更会打破原有意思表示作出的基础，超出当事人合理商业预期，增加对方责任风险。特别是在收取少量费用运输高价值货物的物流行业中，若抛开双方约定责任而依据实际损失赔付，将会形成利益与责任的严重失衡，阻碍整个行业发展。本案体现了商事交易中恪守承诺的精神，强调了对商业主体正当风险预期的保护。

案例八

# 人身保险纠纷中伤残鉴定意见的认证规则

## ——唐某诉乙保险公司人身保险合同纠纷案

**【裁判要旨】**

鉴定机构对人身保险案件中伤者出具的伤残鉴定意见是界定保险公司理赔范围的重要凭证。法院应综合考量委托情况、相对人异议情况、与事实相符程度等因素决定是否采纳鉴定意见。如鉴定意见有明显错误的，依法不予采纳。

**【基本案情】**

2015 年 4 月 7 日，唐某所在公司为包括唐某在内的员工投保团体意外伤害保险，保障项目为意外身故、残疾给付，保险金额 40 万元，附加医疗费用补偿金额 5 万元、门急诊限额 4 万元。同年 10 月 5 日，唐某在工作中受伤导致牙齿脱落，至医院治疗产生医疗费 18972.49 元，乙保险公司仅对其中属于医疗保险范围的 3553.87 元予以核赔。某鉴定中心就唐某伤残等级进行鉴定，评定十级伤残。唐某起诉至法院，要求乙保险公司支付医疗费 19179.49 元、残疾保险金 4 万元、鉴定费 2000 元。

**【裁判结果】**

上海市黄浦区人民法院于 2018 年 6 月 29 日作出（2018）0101 民初 60 号民事判决：乙保险公司应向唐某支付理赔款 3553.87 元；对唐某其余诉讼请求不予支持。判决后，双方均未提起上诉，判决已发生法律效力。

**【裁判理由】**

法院认为：乙保险公司对唐某提供的鉴定意见书不予认可，理由：首先，唐某事发时系 6 个牙根折断，鉴定结论却为 8 个，与实际伤情不一致。其实际伤情不符合《人身保险伤残评定标准》规定的十级伤残标准。其次，根据《团体意外伤害保险条款》约定，唐某申请鉴定时已超过自意外发生之日起 180 天的鉴定期间。再次，该伤残鉴定系唐某单方委托，违反了《司法鉴定通则》对于司法鉴定机构应当统一受理办案机关的司法鉴定委托的规定，鉴定程序不合法。法院认为，乙保险公司对该份鉴定结论提出的异议有理有据。法院委托其他鉴定机构对伤残情况进行重新鉴定，由于唐某（被鉴定人）不配合，造成鉴定无法进行而终止。鉴于此，法院对唐某提供的鉴定意见书的结论不予认可。

**【裁判意义】**

在人身保险合同纠纷中，相关鉴定机构出具的鉴定意见是被保险人用以证明保险事故程度的重要证据。司法实践中，一般认为鉴定意见本身的证明效力较高，但并非绝对的证明效力，其证明力有待法院的审查，如确与事实不符，可以通过启动重新鉴定的方式予以补正，在当事人予以拒绝的情况下，法院依法对该等证据不予认可。本案判决有助于明确对鉴定结论的认证规则，促进鉴定机构依法履责，提升司法公信力。

### 案例九

## 商业保理公司通过 P2P 平台放贷为无效合同

——乙商业保理公司与甲公司等借款合同纠纷案

**【裁判要旨】**

商业保理公司通过 P2P 平台向不特定对象放贷，因超越经营范围并违反国家限制经营、特许经营以及法律、行政法规禁止经营规定，应认定借款合同无效。

**【基本案情】**

2018 年 1 月 12 日，经某 P2P 平台撮合，乙商业保理公司向甲公司出借款项 30 万元，并于线下签订了《借款协议》，约定了借款金额、借款期限、利率、服务费等。后甲公司未按约偿还本息，乙商业保理公司要求甲公司承担违约责任。经查明，乙商业保理公司营业执照中的经营范围为进出口保理业务、国内及离岸保理业务、与商业保理相关的咨询服务，且其同期在法院类似案件有三件，均系通过同一 P2P 平台放贷引发的纠纷。

【裁判结果】

上海市浦东新区人民法院于 2018 年 10 月 12 日作出（2018）沪 0115 民初 36585 号民事判决：乙商业保理公司和甲公司签订的《借款协议》为无效合同，甲公司返还乙商业保理公司借款本金 30 万元并支付自《借款协议》到期日起按银行同期贷款利率计算的利息损失。一审宣判后，双方当事人均未上诉，判决已发生法律效力。

【裁判理由】

法院认为：商业保理公司原由商务部负责监管，目前由银保监会负责监管，具备准金融机构的特点。根据《商务部关于商业保理试点有关工作的通知》的规定，商业保理公司为企业提供贸易融资、销售分户账管理、客户资信调查与评估、应收账款管理与催收、信用风险担保等服务，不得从事吸收存款、发放贷款等金融活动。一方面，根据《银行业监督管理法》第十九条规定，未经国务院银行业监督管理机构批准，任何单位或者个人不得设立银行业金融机构或者从事银行业金融机构的业务活动。乙商业保理公司作为准金融机构，通过与 P2P 平台合作，向不特定对象发放贷款，具备了经营性特征，亦非为解决资金困难或生产急需偶然为之。故乙商业保理公司违反了《银行业监督管理法》的强制性规定，符合《合同法》第五十二条规定的合同无效的情形。另一方面，根据《最高人民法院关于适用〈中华人民共和国合同法〉若干问题的解释（一）》第十条规定，当事人超越经营范围订立合同，人民法院不因此认定合同无效，但违反国家限制经营、特许经营以及法律、行政法规禁止经营规定的除外。商业保理公司应在监管机构允许的经营范围内从事业务，由监管机构监管的金融机构及准金融机构从事发放贷款业务，属于特许经营的范围，须取得相应的资质。乙商业保理公司经营范围中不包括发放贷款，其超越经营范围发放贷款，违反了国家限制经营、特许经营的规定，故涉案《借款协议》应为无效合同。

【裁判意义】

互联网借贷具有普惠金融服务的特点，其通过利用互联网信息技术，更好地满足中小微企业和个人之间的投融资需求。商业保理公司、融资租赁公司等准金融机构有其特定的金融业务经营范围，但均不具有吸收存款、发放贷款的资质。对于准金融机构与互联网金融平台合作开展的业务模式，应根据相关法律法规和监管规则予以审查，防止以金融创新为名规避金融监管的行为。本案的裁判有助于促进商业保理公司合法合规经营，引导互联网金融规范发展，也有利于防范金融风险的交叉传递。

## 案例十

# 上市公司股权隐名代持行为应认定无效

——甲某诉乙某股权转让纠纷案

### 【裁判要旨】

上市公司在证券发行过程中应当如实披露股份权属情况，禁止发行人的股权存在隐名代持情形。隐名代持证券发行人股权的协议因违反公共秩序而无效。股权代持产生的投资收益应根据公平原则，考虑对投资收益的贡献程度以及对投资风险的承受程度等进行合理分配。

### 【基本案情】

甲某系某外国公民，乙某系中国公民。双方于2005年签订《股份认购与托管协议》，约定甲某以4.36元/股的价格向乙某购买丙公司股份88万股，并委托乙某管理，乙某根据甲某的指示处分股份，对外则以自己名义行使股东权利，将收益及时全部交付给甲某。丙公司于2017年在上海证券交易所首次公开发行股票并上市，在发行上市过程中，乙某作为股东曾多次出具系争股份清晰未有代持的承诺。2018年，丙公司向全体股东按每10股派发现金红利4元，用资本公积按每10股转增4股的比例转增股本。其后，乙某名下的丙公司股份数量增加至123.2万股。之后，双方对《股份认购与托管协议》的效力和股份收益分配发生纠纷，甲某请求判令乙某交付丙公司股份的收益，或者按照股份市值返还投资款并赔偿2018年红利损失。

**【裁判结果】**

上海金融法院作出（2018）沪74民初585号民事判决：一、甲某可与乙某协商，对乙某名下123.2万股丙公司股票进行出售，若协商不成，甲某可申请对上述股票进行拍卖、变卖，上述股票出售、拍卖、变卖所得款项中优先支付甲某投资款3836800元，若所得款项金额超过投资款金额，超过部分的70%归甲某所有，剩余部分归乙某所有；二、乙某向甲某支付2017年现金红利352000元（扣除应缴纳税费）的70%。宣判后，双方当事人均未上诉，判决已发生法律效力。

**【裁判理由】**

法院认为，《民法总则》第一百五十三条第二款规定，“违背公序良俗的民事法律行为无效”。公序良俗的概念具有较大弹性，在具体案件中应审慎适用，避免过度克减民事主体的意思自治。公序良俗包括公共秩序和善良风俗。证券领域的公共秩序应先根据该领域的法律法规予以判断，在上位法律无明确规定的情况下，判断某一下位规则是否构成公共秩序时，应从实体正义和程序正当两个层面进行考察：该规则应当体现证券领域法律和行政法规所规定的国家和社会整体利益；该规则的制定主体应当具有法定权威，制定与发布符合法定程序，具有较高的公众知晓度和认同度。证券发行人应当如实披露股份权属情况，禁止发行人股份存在隐名代持情形，系由《证券法》和《首次公开发行股票并上市管理办法》明确规定，关系到以信息披露为基础的证券市场整体法治秩序和广大投资者合法权益，在实体和程序两个层面均符合公共秩序的构成要件，因此属于证券市场中应当遵守、不得违反的公共秩序。隐名代持证券发行人股权的协议违反公共秩序而无效。

股权代持协议被认定无效后，投资收益不属于合同订立前的原有利益，不适用恢复原状的法律规定，应适用公平原则，根据对投资收益的贡献程度以及对投资风险的承受程度等情形，即“谁投资、谁收益”与“收益与风险相一致”进行合理分配。名义持有人与实际投资人一致表示以系争股票拍卖、变卖后所得向实际投资人返还投资款和支付股份增值收益，属于依法处分自身权利的行为，不违反法律法规的禁止性规定，可予支持。

【裁判意义】

近年来，关于金融市场公共秩序或公共利益的界定问题引发理论界和实务界的广泛讨论。本案涉及上市公司在证券发行过程中股权的隐名代持效力问题。裁判围绕证券市场公共秩序认定和股份代持无效后收益分配原则等问题的论证说理，对同类案件的审理具有指导意义，体现了司法在个案中平衡保护投资权益与我国金融市场公共秩序的立场。裁判尊重当事人意愿，以标的股票变现所得进行分配的方式，有效解决了投资收益因上市公司股价波动而难以固定的问题，得到了双方当事人的认可，为同类案件妥善解决提供有益借鉴。

[司法实务问题研究]

# 金融借款诉讼中利息表述的界分与优化

## ——以逾期息的概念统合为落脚点

彭迅扬*

银行金融借款诉讼向来以格式化、模板化著称，经办法官通常将精力集中于合同审查、担保物权审查及本息数额核算，往往忽视对相关要素内涵、外延的考究。笔者工作时体会到司法在利息概念界分上存在盲区，实践中可能造成困惑。以一起平安银行起诉的借款案件为例，该案借款本金早已还清，原告主张利息及借款到期后期内利息产生的复利，但纠结于这部分复利应表述成“复利”抑或“逾期利息”。① 笔者检视过往案例，发现各地法院，甚至法院各庭室对此表述并不一致，虽不影响裁判结果的公正性，但可能引发当事人的疑虑。并且，与普遍支持银行主张逾期罚息不同，各地法院对于复利的态度则各有不同。② 故此，笔者尝试以逾期息的概念统合为落脚点，深入探析金融借款诉讼中利息表述的合理界分。

* 作者单位：温州市瓯海区人民法院。

① 原告平安银行自始至终没有变更利息诉讼请求，只是对其名称表述有过反复。

② 李春：《银行信贷合同中的利息法律实务问题探讨》，载《上海金融》2011年第10期。

## 一、“逾期”[①] 的法理本质——超出格式契约期间的本金移转持有状态

### （一）逾期的界定以本金状态为唯一标杆

金融借款的首要环节是银行向借款人支付借款，移转占有及相应契约的初始标的物仅限于本金，不包含利息。利息的产生必须依托于时间的流逝，假若借贷双方自行约定放贷的同时先行扣除利息，则该部分利息不受法律的确认与保障，依法应视之为实付本金的减损。[②] 利息属于法律概念上的一种孳息，系借款本金的孳生物，也是出借人让渡借款用益的一种对价补偿。界定“逾期”概念及考证贷款是否逾期时，应注意避免将利息与本金混同，防止出现本息合体的情形，以免造成理论与实务的困扰。金融借款中，按月付息的情形十分普遍，一旦某个月份借款人未能付息，银行便按照日常用语的习惯主张该月份的应付利息“逾期”了。假如我们将这种“逾期”也归入法理上的“逾期”，即将实务操作中的期内利息也一并视为逾期利息，将与本金逾期后产生的真正的逾期利息混同起来，从而产生概念上的重合，并使“期内利息”概念完全沦为虚无。另外，上述概念混同将挤占复利受到法律保障的空间，因原本属于期内利息的复利，也被冠上“逾期利息的复利”的名号，无法得到司法确认和保障。[③] 故此，法理上的“逾期”概念仅指“本金的逾期”，以本金的状态为唯一标杆，而完全排除“利息的逾期”。换言之，利息只能逐次累积，不能“逾期”，司法实务中的“逾期利息”实为“本金逾期后产生的利息”。

### （二）逾期的界定以格式契约为客观基础

金融借款合同属于格式合同，银行作为格式合同提供方，预先拟订诸多固定的格式条款，对签约人权利义务加以条条框框的规制。合同拟订过程较为审慎严谨，签约则采取模板式重复操作。借款人作为合同相对方，只能全盘接受合同条件，包含合同对于逾期的界定。金融借款合同亦属诺成性合同，以签约而非贷款支付作为生效要件。因此，借款本金是否逾期，通常以格式契约作为

① 若无特别注明，本文以下提到的逾期，一律特指银行金融借款的逾期。

② 《中华人民共和国合同法》第二百条规定：“借款的利息不得预先在本金中扣除。利息预先在本金中扣除的，应当按照实际借款数额返还借款并计算利息。”

③ 根据中国人民银行《人民币利率管理规定》及《关于人民币贷款利率有关问题的通知》的相关规定，复利的计算基数应仅为期内利息，不包括逾期利息。

判断依据，间接取决于银行方面的主观意志。银行可自主保有确定贷款逾期与否的弹性：既可以借款人违约为由，宣布借款提前到期，要求提前偿还本金；也可看好借款人后续经营前景，酌情给予贷款展期，延迟还款时间。前者附有违约要件，属于拟制逾期、附条件逾期；① 后者则是银行基于综合利益考量，给予借款人的一种宽待。两者都属于格式契约的延伸、变通形式。

### （三）逾期的界定以回转复原为应然指向

“逾期”是与“期内”相对的概念。金融借款的“期内”源于贷款的交付，是指借款期限内，即银行履行发放贷款义务后，借款人依照合同约定合法占有使用借款的期间。与之对应，“逾期”是指借款期限届满后，借款人仍非法持续占有借款的状态、期间。换言之，全部或部分贷款本金已届约定的回收复原时间点，客观上却延续着由借款人持有的状态，实际造成或可能造成银行期限利益的损失，这便是银行专门提出逾期利息请求的应有之义。反之，假若银行对某一笔贷款并无期限利益，“逾期”这一概念就失去了法律意义与现实意义。而“期内”与“逾期”的分界点系借款依约应当从借款人手中回转至出借人手中恢复占有的时间点，往往相对固定地落在放贷半年或一年以后，是一个应然而非实然的分界点。回转复原系逾期界定的应然指向，没有回转复原的客观需求与契约基础，就无所谓“逾期”的存在。

## 二、分期还本契约的逾期双节点架构及特例考究

### （一）分期还本车贷合同具有两个逾期节点

银行个人购车贷款合同是一类比较常见的分期还本契约，例如平安银行推出的车贷，系一次性发放贷款，合同约定借款期限为 36 个月，借款人须按月等额还款，任何一期未及时足额归还借款本息即视为逾期，从逾期之日起，对逾期金额按合同约定利率上浮 50% 计收逾期利息。由于系分期还本，到了首月月末或下月月初，就会出现首个应还本金时间点，若借款人未按时偿还首月应还本金，就会出现贷款单笔逾期的情形；尔后借款人欠款逐月累增，直到 36 个月借款期限届满，便形成贷款整体逾期的状况。上述贷款单笔到期日是逾期第一节点，整体到期日是逾期第二节点。司法实践中便会出现贷款整体到

① 可与附条件合同类比，系银行为了预警自保，在原先固定借款期限基础上，创设的期限弹性压缩机制。

期日前的逾期利息与整体到期后的逾期利息分立并存的状况。前者是一个确定的数额，可称之为“前逾期利息”；后者通常表述为延续性的计算公式，可称之为“后逾期利息”。贷款虽有两个自然到期日（逾期节点），但银行因借款人违约宣布借款提前到期，仍应将该“拟制逾期”套用逾期第二节点，即“宣布借款提前到期”特指借款整体到期，① 并将逾期利息分成两段，作前后分立表述。

### （二）到期一次还本属于分期还本的特例

到期一次还本在学理上可视为一种特殊状况的分期还本，即除末期偿还借款总额外，之前数期还本数额一概为零；贷款单笔到期日与整体到期日发生重叠，逾期双节点出现了归一的现象。该情形下，“期内”与“逾期”的界线更加分明，利息、复利的计算、表述也更为简单清晰。

## 三、逾期息概念的引入与统合

### （一）广义利息在实践中界分不明的乱象

银行在诉讼中，通常将借款本金之外的利息、复利、罚息、逾期利息、逾期复利等项目作为广义利息一并提出，但在具体分类与表述上却是五花八门，莫衷一是。客观来说，上述广义利息并非严谨的法律概念，只是行业称谓，通常仅在金融业内规②中有所涉及与规制，它们互相之间并无壁垒分明的界限，而是互相交叉融合，形成多重交集甚至概念混同。这种现象在金融合同与诉讼请求中十分常见，常令审判人员无所适从。尤其是不同的银行，其内部规定与操作模式各不相同，其金融行为、诉讼行为的任意性、利己性不时显现，令法院难以拿捏分寸和把握尺度，给司法的统一性造成妨害。同时，各法院判决在表述和处理广义利息时，也呈现高度多元的特征，有的判决表述得十分细碎烦琐，有的判决则含糊其辞，甚至不列明具体数字或计算方法，仅仅照搬合同中格式化的文字内容，给判决执行带来困扰和争议，严重影响司法的公信力。

### （二）关于“罚息”概念的存废

罚息包括挪用罚息和逾期罚息两类。作为银行实践惯例形成的概念，挪用罚息适用于用款人私自变更信贷本金用途的情形，逾期罚息则适用于信贷本金

① 这是基于银行格式合同的条款内容得出的结论。

② 主要是中国人民银行和中国银保监会制定的规制银行金融行为的部门规章。

逾期未清偿的场合。[1] 此处主要探讨的是逾期罚息。罚息，顾名思义带有惩罚的意思，这个名称是由中国人民银行发布的相关规章文件最先纳入的，并由其属下各家银行在制定内部规程与拟定合同模板时共同引用，可作为对借款人违约行为的一种惩罚措施。在公权力强势运行、社会行政管理氛围比较浓厚的年代，银行使用“罚息”一词定义违约借款人对其利益补偿也未尝不可。但时移世易，金融行业的高度市场化、法治化要求银行以更加平等开放的姿态与借款人协商交流。故此笔者认为，“罚息”一词居高临下的意味太重，在当前已不合时宜，银行应将“逾期罚息”统一变更表述为“逾期利息”，更符合金融用语科学性、平等性的要求。但金融业内规与银行合同版本的用语变更是庞大的系统工程，并非一朝一夕所能完成，故鉴于“罚息”不是严格的法律概念，审判人员可自主在裁判文书中将其表述为“逾期利息”“逾期息”等中性词汇，用司法裁判间接引导金融机构转变经营理念与用语习惯。

**（三）司法对于广义利息的取舍与归并**

针对金融诉讼中名目繁多的广义利息，判决时可采用“两分法”，严格以本金作为标杆，将其划分为期内部分与逾期部分。其中，期内部分包括以本金为基数，算至本金逾期日之前的利息，以及以该利息为基数，算至本金逾期日之前的复利。应特别注意的是，计算期内部分的基数仅限于未逾期本金以及未逾期本金所产生的期内利息。在分期还本契约中，未逾期本金逐次减少，直至归零，因此期内部分的基数（包括复利基数）呈现逐次降低的过程。而在到期一次还本契约中，未逾期本金是一次性归零的，在归零前一直处于满额状态，因此除非出现提前还款的意外状况，否则期内部分的基数处于恒定状态。与之对应，逾期部分包括以逾期本金为基数，算至实际清偿之日止的逾期利息，以及以上述期内利息为基数，算至实际清偿之日止的逾期复利。但对于以上述逾期利息为基数产生的复利，由于该基数是一个累积计算的公式，无法定额，相应复利的计算将陷入无穷无尽的“利滚利”循环，不利于金融交易的平衡与借款人权益的保障，故法院酌情不予支持。舍弃了逾期利息的复利，逾期部分就剩下逾期利息与逾期复利两部分。2004 年以后，金融机构计收逾期贷款利息的标准调整为“在借款合同载明贷款利率水平上加收 30% 至

① 李春：《银行信贷合同中的利息法律实务问题探讨》，载《上海金融》2011 年第 10 期。

50%”。[①] 参照该标准，民生银行、平安银行在合同中统一列明“逾期利率为借款合同载明贷款利率水平上加收50%”，并且逾期复利同样按照该利率计算。这就为司法判决中合并同类项创造了良好的条件，笔者通常做法是将上述逾期利息与逾期复利合并为“逾期息”，以本金与期内利息相加之和作为基数，按统一的逾期利率一并计算。

（四）逾期息概念的统合与个案演变

从以上内容的推演可知，“逾期息”并非原始单一属性的孳息，而是基于广义利息精简、归并后的复合体，此概念的实务价值在于能够便利判决表述与执行，以免司法判决显得过于琐碎冗长。结合以上对“逾期”本质的透析，可以对“逾期息”下定义：逾期息是约定借期届满后由本金直接或间接衍生的孳息复合体，间接衍生部分以借期内直接孳息的基数为限。若排除逾期之后部分还款的因素，将逾期息概念引入司法判决，系将第一判项中定额本息与无限延展孳息作最佳区隔的关键手段，判项前段列明本金、利息与复利（期内）的固定数额，后段列出延展至实际清偿日的逾期息[②]的统一计算格式，通常表述为“自×年×月×日起至实际清偿日止，以本息之和×元为基数，按利率×%计算”。若存在部分还款的情形，将导致计息基数的变化，可截取还款时间点，以此为界对逾期息作分段表述，前段表述为“截至×年×月×日的逾期息×元”，后段仍采用统一计算格式的无限延展表述方式。若是遇到典型的分期还本合同，应以整体到期日（包括宣布借款提前到期日）为界，前段表述为该日期前业已产生的逾期息定额，后段仍表述为无限延展模式，只是相应的计算基数需要逐次演变，此消彼长。

① 谭金可、熊兴华：《逾期利息裁判问题研究》，载《现代管理科学》2013年第10期。

② 因实际清偿日本身并不确定，故本质上逾期息是无限延展的。

[新类型疑难案例选评]

# 李某福诉厦门尔某山贸易有限公司侵害外观设计专利权纠纷案

蔡　伟* 陈　颖**

【裁判要旨】

委托加工的产品构成对他人专利的侵害，判断委托方的行为是否属于制造行为，应当根据专利法对专利实施行为的正确界定，结合委托方在委托加工关系中是否具有实施专利技术的主观意愿和客观的行为表现来进行综合确定。

【案情】

原告：李某福。

被告：厦门尔某山贸易有限公司（以下简称厦门尔某山公司）。

原告诉称：

原告是妈咪包（1708）外观设计专利（专利号为 ZL201730225472.1）的专利权人。被告厦门尔某山公司未经许可，在京东网站上制造、销售、许诺销售的一款妈咪包的外观与涉案外观设计相同或近似。其行为侵犯了原告的合法权益，现依法提起诉讼。要求：1. 判令被告立即停止制造、销售、许诺销售

* 作者单位：福建省高级人民法院。

** 作者单位：福建警察学院。

的侵权行为，销毁侵权外观设计产品，并删除其在“www. jd. com”网站上的销售链接；2. 判令被告向原告赔偿损失（包含合理开支）15 万元；3. 本案诉讼费用由被告承担。

被告辩称：

1. 被诉侵权产品于案涉专利授权公告日之前即已完成生产并开始销售，即便其销售行为延续至案涉专利授权公告日之后，亦不为法律所禁止。被告的销售行为不构成侵权。2. 外观设计是否侵权，是将被诉产品与涉案专利所保护的设计图进行对比，涉案外观设计专利与被诉侵权产品不相同也不相似。3. 外观设计的新颖性、创造性，不是考虑功能性设计特征，而是考虑形状、图案、色彩以及它们之间的结合是否会让一般消费者从视觉效果上感受到区别。被诉产品与涉案外观设计专利在整体视觉效果上有明显区别。4. 被告仅是被诉侵权产品的销售者，在证明有合法来源后，不应承担侵权责任。

经审理查明：

原告李某福于 2017 年 6 月 6 日向国家知识产权局申请名为“妈咪包（1708）”的外观设计专利，同年 11 月 24 日获得授权，专利号：ZL201730225472. 1，专利权期限为十年。2018 年 1 月 5 日国家知识产权局出具了该外观设计专利稳定有效的评价报告。涉案外观设计产品用于盛放文件和婴幼儿物品；设计要点：在于本设计的形状；最能体现设计要点的图：立体图。其设计特征为：1. 整个包采取两个用拉链开闭的隔层设计；2. 包体上方设置有手提带；3. 包体前面较上端设置有带品牌标识的圆形标贴；4. 包体前面两边各有一个口袋拉链设计；5. 包体左右两侧分别设有一个开口实口袋，袋口采用松紧带设计，左侧口袋中间位置开设有一条拉链；6. 包体后面设有采用收纳隐藏设计的双肩带，在肩带上端、末端设有金属搭扣；7. 包体后面下半部开设有一个拉链开闭的长方形口袋。

2018 年 2 月 9 日，李某福的委托代理人陈某涛因外观设计诉讼举证维权需要向厦门市思明区公证处申请对其网络购买行为进行证据保全公证。在厦门市思明区公证处（以下简称公证处）公证员的监督下，陈某涛使用该处的办公计算机进行了如下操作：1. 新建名为“乐乐母婴”的新建文件夹（用于截屏保存浏览的网页信息）。2. 使用 360 安全浏览器，登录“www. ip138. com 网址”，进入页面，保存页面并打印。3. 在地址栏输入“www. jd. com”，进入页面，搜索“乐乐母婴专营店”。4. 点击“乐乐母婴专营店”，进入页面。点击“证照信息”，输入验证码，进入“网店经营者资质信息”，浏览该店工商信息。5. 返回店铺首页，点击“时尚Q版妈咪包”，进入页面。在选择颜色中点击“柠檬黄中号普通款”。6. 相继点击“加入购物车”“去结算”“提交订单”“立即支付”，在该店购买上述订单货物并支付款项。上述操作均截屏保存在“乐乐母婴”文件夹中并刻录光盘。2月10日，公证处收到一件EMS经济快递，公证人员签收快递（运单号码：9737113158562）。2月11日下午，陈某涛来到公证处，对上述快递包裹进行拆封并对邮包内的商品进行拍照。随后使用该公证处电脑，再次登录“京东”网上购物平台“www. jd. com”，浏览订单及物流信息，进行确认发货程序并截屏保存。最后，公证人员将上述商品重新密封、固定并拍照，将封存后的上述物品交由代理人保管。公证处出具（2017）厦思证内字第5720号公证书，对上述过程进行了公证证明。

2018年2月9日，李某福的委托代理人陈某涛因同一事由向公证处申请对其网络购买行为进行证据保全公证。在公证处公证员的监督下，陈某涛使用该处的办公计算机进行了如下操作：1. 新建名为“LEKE”的新建文件夹（用于截屏保存浏览的网页信息）。2. 使用360安全浏览器，登录“www. ip 138. com网址”，进入页面，保存页面并打印。3. 在地址栏输入“www. jd. com”，进入页面，搜索“LEKE母婴旗舰店”。4. 点击“LEKE母婴旗舰店”，进入页面。点击“证照信息”，输入验证码，进入“网店经营者资质信息”，浏览该店工商信息。5. 返回店铺首页，点击“时尚Q版妈咪包”，进入页面。在选择颜色中点击“夕雾蓝A中号”。6. 相继点击“加入购物车”“去结算”“提交订单”“立即支付”，在该店购买上述订单货物并支付款项。上述操作均截屏保存在“LEKE”文件夹中并刻录光盘。2月10日，公证处收到一件EMS经济快递，公证人员签收快递（运单号码：9737110491762）。2月11日下午，陈某涛来到公证处，对上述快递包裹进行拆封并对邮包内的商品进行拍照。随后使用该公证处电脑，再次登录“京东”网上购物平台“www. jd. com”，浏览订单及物流信息，进行确认发货程序并截屏保存。最后，公证人员将上述商品重新密封、固定并拍照，将封存后的上述物品交由代理人保管。公证处出具（2017）厦思证内字第5721号公证书，对上述过程进行了公证证明。

审理中，原告提交了由公证处封存的证物，经确认封条完整后，当庭拆封该证物。内有黄色、蓝色两个背包。经比对，被控侵权产品与涉案外观设计专利的区别在于：1. 前者的手提带有搭扣设计，涉案外观设计专利没有。2. 前者包体前面较上端设置带有其自身品牌标识的圆形标贴。3. 前者侧面口袋的拉链在右侧，涉案外观设计专利侧面口袋的拉链在左侧。双方当事人均当庭确认被告在京东商城上所经营的“乐乐母婴专营店”“LEKE 母婴旗舰店”两家店辅销售的被诉产品已下架。

另查明：本案中，原告李某福为制止侵权所支出的合理费用包括公证费1600 元、律师代理费6000 元、差旅费163.5 元，共计7763.5 元。

再查明：厦门尔某山公司注册日期为2014 年2 月8 日。其经营范围为纺织品及针织品零售，服装零售，鞋帽零售，化妆品及卫生用品零售，钟表、眼镜零售，箱、包零售，自行车零售，文具用品零售，家用电器批发，日用家电设备零售等。

**【审判】**

福建省福州市中级人民法院审理后认为：

原告李某福是妈咪包（1708）外观设计专利（专利号为ZL201730225472.1）的专利权人。上述外观设计尚在专利保护期内，应受我国专利法的保护。本案双方当事人争议的焦点有三个。

## 一、被控侵权产品是否落入涉案外观设计专利的保护范围

根据《专利法》第五十九条第二款的规定，外观设计专利权的保护范围以表示在图片或者照片中的该产品的外观设计为准，简要说明可以用于解释图片或者照片所表示的该产品的外观设计。《最高人民法院关于审理侵犯专利权纠纷案件应用法律若干问题的解释》第十一条规定，人民法院认定外观设计是否相同或者近似时，应当根据授权外观设计、被诉侵权设计的设计特征，以外观设计的整体视觉效果进行综合判断；……被诉侵权设计与授权外观设计在整体视觉效果上无差异的，人民法院应当认定两者相同；在整体视觉效果上无实质性差异的，应当认定两者近似。具体到本案，被控侵权产品与涉案专利产品系同一种产品，具有可比性。涉案外观设计专利的设计要点在于产品的形状，最能表明该外观设计设计要点的图为立体图。因外观设计的颜色并不是涉

案外观设计专利的设计要点，故被告提出被控侵权产品与涉案外观设计专利颜色上存在的差异，其不落入涉案外观设计专利权的保护范围的主张不成立。经比对，被控侵权产品与涉案外观设计专利仅在颜色、品牌标识、侧袋拉链位置、手提带搭扣这几个细微之处存在差异，两者外观基本趋同，在整体视觉效果上无实质性差异，应当认定两者近似。故被控侵权产品落入涉案外观设计专利权保护范围。

**二、关于被告实施行为的认定**

本案中，原告主张被告厦门尔某山公司制造、销售、许诺销售涉案外观设计产品。首先，被告是一家贸易公司，企业公示信息显示的主要经营范围是零售、批发，其并不具备生产主体资质。其次，被诉产品的吊牌上虽标有“厦门尔某山贸易有限公司”字样，但并未标注被告是该产品的生产（制造）商。最后，被告厦门尔某山公司在审理中提交了《产品订购合同》、进仓单、增值税专用发票、转账凭证等证据，从形成时间、内容上能够相互印证，且与被控侵权产品相互对应，该买卖行为亦符合相关交易习惯，可以认定被诉产品来源于案外人厦门威某工贸有限公司（以下简称威某公司）的事实。故一审法院认定，被告厦门尔某山公司是被诉产品的销售者而非制造者。本案中，被告实施了销售、许诺销售行为。

**三、关于责任承担**

本案中，被告厦门尔某山公司提出因被诉侵权产品于涉案专利授权公告日2017年11月24日之前即已完成生产并开始销售，对其销售、许诺销售行为主张不侵权抗辩。《专利法》第十一条第二款规定：外观设计专利权被授予后，任何单位或者个人未经专利权人许可，都不得实施其专利，即不得为生产经营目的制造、许诺销售、销售、进口其外观设计专利产品；第四十条规定：实用新型专利权和外观设计专利权自公告之日起生效。据此，一审法院认为，他人在外观设计专利授权公告日之前实施该专利，包括制造、销售、许诺销售和进口外观设计专利产品，并不为《专利法》所禁止。专利权人对他人在外观设计专利权公告日前实施该专利的行为，并不享有请求他人停止实施的权利。在此情况下，对于外观设计专利授权公告日之前已经生产、销售完毕产品的后续行为，包括许诺销售和销售，即便其行为延续至专利权授权公告日之后，亦不构成侵权。否则即相当于外观设计专利权的效力可以追溯至授权公告日前的实施行为，不适当地扩大了专利法授予外观设计专利权人的权利范围，损害了社会公众应有的利益。

具体到本案，经公证保全的被告厦门尔某山公司销售、许诺销售行为虽发生在涉案专利授权公告日之后，但根据在案证据，可以认定该被诉产品来源于案外人厦门威某公司，且上述产品于涉案专利授权公告日 2017 年 11 月 24 日之前即已完成生产并开始销售的事实，即被告实施销售、许诺销售行为系涉案专利生效之前已经生产、销售完毕产品的后续行为。故被告实施的销售、许诺销售被诉产品的行为，不构成对原告涉案外观设计专利权的侵害。原告请求被告停止制造、许诺销售、销售行为并赔偿损失的诉讼请求，因无事实和法律依据，一审法院不予支持。

综上，依照《专利法》第十一条第二款、第四十条、第五十九条第二款，《侵权责任法》第十五条，《民事诉讼法》第六十四条第一款，《最高人民法院关于审理侵犯专利权纠纷案件应用法律若干问题的解释》第十一条之规定，判决如下：驳回原告李某福的诉讼请求；一审案件受理费 3300 元，由原告李某福负担。

原审法院宣判后，原告李某福不服，依法向福建省高级人民法院提起上诉。其主要理由是：

1. 原审法院认定事实不清，本案被上诉人系涉案产品生产者，涉案产品系被上诉人委托第三方加工生产，不应认定为产品销售者，不适用合法来源抗辩。（1）一审中，被上诉人提交的 2017 年 8 月 22 日与案外人厦门威某公司签订的《产品订购合同》第五条第四款明确载明："乙方不得将与甲方签订的订单转交第三方生产、大货生产前须由乙方提供产前样……" 第八款规定："乙方为甲方生产带有甲方品牌标识的产品，乙方在加工生产过程中不得仿冒、伪造、私自销售及私自外发加工……" 第十一款规定："统一规格的纸箱外箱应标注产品名称、条码、产品颜色、装箱数量等信息……" 通过该合同条款可以明确，乙方威某公司受甲方委托，按照甲方要求进行加工生产涉案产品，双方并非买卖合同关系，而是委托承揽加工关系。案外人威某公司为受托人，代为加工生产，而被上诉人为委托人，即涉案产品生产者。（2）《产品订购合同》第一页明确备注“要求所有外包装及货品上均有‘LEKEBABY’LOGO标识”，并且一审查明涉案产品的吊牌上标有被上诉人的名称而没有标明其他生产者的信息。《最高人民法院关于产品侵权案件的受害人能否以产品的商标所有人为被告提起民事诉讼的批复》（法释〔2002〕22号）中指出：“任何将自己的姓名、名称、商标或者可资识别的其他标识体现在产品上，表示其为产品制造者的企业或个人，均属于《中华人民共和国民法通则》第一百二十二条规定的‘产品制造者’和《中华人民共和国产品质量法》规定的‘生产者’。”结合本案合同，被上诉人系涉案产品的制造者。

2. 本案授权公告日后的销售行为依法构成专利侵权，原审法院适用法律错误。本案涉案专利申请日为2017年6月6日，授权公告日为2017年11月24日。按照被上诉人提供的《产品订购合同》及进仓单可知，被上诉人生产完成被控侵权产品日期至少在2017年10月9日之后（申请日之后，授权公告日前）。《专利法》第六十九条第二款规定：“有下列情形之一的，不视为侵犯专利权：……（二）在专利申请日前已经制造相同产品、使用相同方法或者已经作好制造、使用的必要准备，并且仅在原有范围内继续制造、使用的……”“在专利的申请日前已经制造完成或者已经作好制造、使用的必要准备”的时间节点为申请日，并非原审法院认定的授权公告日。另外，本条明确规定，上述产品的实施行为不视为侵权的情形为“仅在原有范围内继续制造、使用的”，并不包括销售、许诺销售等行为。所以本案中，被上诉人在申请日后、授权公告日前制造完成的涉案产品不并属于《专利法》第六十九条规定的已经制造完成或者作好准备的产品。并且，在涉案专利授权公告日后，被上诉人的销售和许诺销售行为不属于授权公告日前已经生产、销售完毕产品的后续行为，也不属于《专利法》规定的不视为专利侵权的适用情形。因此，根据本案中上诉人的委托代理人公证保全的证据，在2018年2月9日，被上诉人存在销售和许诺销售涉案产品的行为，应认定为在专利权被授予后未经专利权人许可实施的侵权行为，依法构成对上诉人专利权的侵害。

3. 本案被上诉人生产、销售被控侵权产品构成专利侵权，依法应当承担停止侵权和承担民事赔偿的责任。本案中，被上诉人为涉案产品的制造者，并且在涉案专利授权公告日后销售和许诺销售涉案产品，构成对上诉人专利权的侵害，依法应承担停止侵权和赔偿损失的民事责任。退一步讲，无论认定本案被上诉人为涉案产品生产者或是销售者，根据《专利法》第十一条第二款规定，在外观专利权被授予后，任何单位或者个人未经专利权人许可，都不得实施其专利，即不得为生产经营目的制造、销售、许诺销售、进口外观设计专利产口，在本案中，被上诉人依法也应当停止侵权，不得再继续销售和许诺销售涉案产品。被告属于持续侵权行为，一审中提交的《产品订购合同》真实性也无法确认，合法来源也不能成立。二审中，上诉人在一审判决后再次通过公证保全的方式购买的被上诉人合同中所列的产品与一审中被上诉人提交的产品货号等均存在区别，一审认定的合法来源的依据真实性无法判定，该合同可能是被上诉人单方为诉讼而出具的。

综上，请求：1. 撤销原审判决，改判支持上诉人一审的全部请求；2. 由被上诉人承担全部的诉讼费用。

厦门尔某山公司辩称：1. 委托加工不等于成立“委托关系”，被上诉人委托第三人生产产品是一种法律上的“加工承揽”关系，并且被上诉人仅要求“贴牌”，不提供涉嫌侵权产品的专利技术方案或整体设计，不属于专利法上意义上的生产者。2. 判断涉案行为是否侵权，不能依据《专利法》第六十九条第（二）项的规定，因为该规定仅适用于“专利申请日前”，并且《专利法》第六十九条只是对几类“不侵权”行为做了列举，不能以此反推，不符合第六十九条列举的情形就构成“侵权”。3. 本案发生在“专利申请日后、授权公告日前”，属于专利法规定的空白时间段，而在私法领域，法无禁止即可行。4. 被上诉人在专利授权公告日之后的销售行为属于专利授权公告日之前已经生产、销售完毕产品的后续行为，也不构成侵权，因此也无须承担停止侵权和赔偿损失的民事责任。综上，答辩人认为上诉人的上诉理由不成立，应依法驳回上诉人上诉，维持原判。

福建省高级人民法院经审理认为：

原审经比对认定被诉侵权产品的外观与涉案专利近似，落入涉案外观设计专利权保护范围。诉讼各方对此均无异议，不再另行分析。对双方争议焦点分析认定如下：

## 一、关于厦门尔某山公司实施了何种行为的问题

经查，被诉侵权产品系由厦门尔某山公司委托案外人厦门威某公司生

产，被诉侵权产品上印制有厦门尔某山公司拥有的注册商标，产品吊牌上亦只载有厦门尔某山公司的相关信息。虽然厦门尔某山公司与加工企业之间的合同约定产品外观由加工企业提供，但经庭审查明，被诉产品的外观是由厦门尔某山公司根据加工企业提供的样式选定的。本院据此认为，厦门尔某山公司虽不具备生产主体资质，但其对外进行定牌委托加工并选定产品外观，主观上体现了生产的意思表示，客观上通过委托的加工企业完成生产行为，厦门尔某山公司与厦门威某公司的内部约定不影响根据外部表现形式来认定行为的本质属性。故可以认定厦门尔某山公司在本案中实施了生产、销售被诉侵权产品的行为。原审认定厦门尔某山公司是被诉产品的销售者而非制造者不当，本院予以纠正。

**二、关于被诉侵权产品的生产时间问题**

李某福上诉主张厦门尔某山公司在原审提供的有关被诉侵权产品生产时间的相关证据材料存在瑕疵，无法确认被诉侵权产品的生产时间是在涉案专利授权公告日之前已完成生产并开始销售。本院认为，厦门尔某山公司提供的《产品订购合同》、进仓单、增值税专用发票、转账凭证等证据，从形成时间及内容上能够相互印证，且与被诉侵权产品实物上的货号相互对应，形成较为完整的证据链，可以认定被诉产品系在涉案专利授权公告日即2017年11月24日之前即已完成生产并开始销售。对于李某福二审补充提交的三份公证书，经本院庭审核实，李某福二审中公证购买的产品外观共有两款，其中一款与被诉产品外观并不相同，还有一款产品的外观与被诉侵权产品相同，但货号与涉案专利授权公告日之前生产的被诉产品的货号相同，厦门尔某山公司对此解释是本次销售的仍然是存货。本院分析认为，公证书虽能证明在涉案专利授权公告日之后乃至本案二审阶段仍可能购买到被诉侵权产品，但并无充分证据能够证明厦门尔某山公司在涉案专利授权公告日之后仍在生产被诉产品并进行销售，而厦门尔某山公司对二审公证购买到被诉产品一事能作出相对合理解释，故本案现有证据无法证明厦门尔某山公司在涉案专利授权公告日之后仍在实施生产被诉产品的行为。

**三、关于厦门尔某山的行为是否构成专利侵权的问题**

《专利法》第十一条第二款规定：外观设计专利权被授予后，任何单位或者个人未经专利权人许可，都不得实施其专利，即不得为生产经营目的制造、许诺销售、销售、进口其外观设计专利产品。第四十条规定：实用新型专利和外观设计专利自公告之日起生效。根据上述规定，他人只有在外观设计专利授权后未经许可进行相关实施行为才构成侵权。而如上分析，本案被诉产品的外观虽与涉案专利外观构成近似，但生产时间系在涉案专利授权公告日之前，并不属于上述法律规定的侵权行为。相应的，对于厦门尔某山公司在涉案专利授权公告日之前已经生产完毕的产品也应允许其继续销售，否则相当于变相承认外观设计专利的效力追溯至授权公告日前的合法行为，不适当扩大权利范围，损害了社会公众利益，有违公平公正原则。原审据此认定厦门尔某山公司的行为不构成专利侵权，驳回李某福的诉讼请求并无不当。

综上所述，李某福的上诉请求不能成立，应予驳回；一审判决认定事实虽有不当，但判决结果并无不当，应予维持。依照《民事诉讼法》第一百七十条第一款第（一）项规定，判决如下：驳回上诉，维持原判。二审案件受理费3300元由李某福负担。

［评析］

## 专利侵权诉讼中有关委托加工的行为定性问题

本案虽然最终是以被诉产品在专利授权日前生产为由，认定尔某山公司不构成专利侵权，但关于尔某山公司委托加工的行为是否构成专利法意义上的制造，仍然是案件审理中争议的一个焦点。

关于本案中尔某山委托他人加工被诉侵权产品的行为是否构成制造行为，存在两种不同的意见。

第一种意见认为，委托即制造，任何主体只要在产品上标注该主体的企业名称、商标或者其他识别性标记的，就应该直接认定该主体为产品的制造者。本案中，被诉侵权产品上印制的商标为尔某山公司所有，产品吊牌上显示的厂家信息亦是尔某山公司，即使该产品系尔某山公司委托他人生产，也应当认定尔某山公司为专利法意义上的制造商。

第二种意见认为，不能仅凭产品上的信息来认定谁是专利法意义上的制造者，而应当结合案件具体情况，确认只有确实具有实施专利技术的主观意愿和客观的行为表现的主体才是专利法意义上的制造者。

笔者同意第二种意见，理由有两点。

## 一、仅以产品上的商标等识别性信息作为认定专利技术实施主体的观点缺乏法律依据

持第一种意见的主要依据是认为《最高人民法院关于产品侵权案件的受害人能否以产品的商标所有人为被告提起民事诉讼的批复》指出，任何将自己姓名、名称、商标或者可资识别的其他标识体现在产品上，表示其为产品制造者的企业或个人，均属于《民法通则》第一百二十条规定的“产品制造者”和《产品质量法》规定的“生产者”。但笔者认为该观点显然过于机械，也缺乏充分的法律依据。首先，最高人民法院的这个批复主要针对在诸如商标的所有人许可他人使用其标识的情况下，出现因产品质量不合格造成人身损害时，规定该标识的所有人应当与实际“产品制造者”和“生产者”一样承担损害赔偿责任。而在委托加工涉嫌侵害他人专利权的法律关系中并不涉及产品质量问题，所以该批复适用的事实基础并不存在。其次，最高人民法院也已经通过生效的裁判案例对该批复的适用前提作了回答。①最高人民法院在前述案件中均明确一个态度，即并不认为任何在产品上标注企业名称、商标或其他识别性标记的企业均为产品的制造者。而且如果按照第一种观点，对于纯粹的商标许可使用关系，在涉及专利侵权诉讼时按照这种裁判标准，显然会出现一些问题。因为按照商标法的相关规定，商标权利人将商标许可他人使用后也仅仅是负有监督被许可人使用其注册商标的商品质量的义务，至于被许可人生产的产品可能侵害他人专利，作为商标权利人没有能力也没有义务进行监管和监督。如果仅仅因为被诉侵权产品上印制有商标权利人的商标，而将被许可人单方实施的专利侵权行为的责任转嫁由商标许可人来承担，显然有失公平。

① 参见（2012）民申字第211号广东雅洁五金公司与温州蓝天知识产权代理公司等侵犯设计专利权纠纷再审复查案、（2012）民申字第197号敖某与飞利浦（中国）投资有限公司等侵害发明专利权纠纷再审复审案（以下简称“飞利浦案件”）。

## 二、主观上具有实施专利技术意愿的主体才是专利法意义上的制造者

（一）被诉产品上标注的识别性信息仅能作为认定制造商的初步证据

在一般的知识产权侵权案件中，如果被控侵权产品已经在铭牌、合格证等产品标识上明确标注了诸如生产企业名称、商标等能够据以确定制造者身份信息的，则在无充分相反证据的情形下，通常可以认定该对外标注信息的企业即为专利法所界定的被控侵权产品的制造者，如果该产品构成知识产权侵权，则由该厂家对此承担相应的侵权法律责任。具体到本案，被诉侵权产品上印制的商标权利人为尔某山公司，产品合格证上标注的也仅仅是尔某山公司的相关信息，所以原告李某福以尔某山公司为被告，要求其承担因制造、销售侵害专利权产品的侵权责任并无不当。而作为生产商来说，其若以委托加工方的身份进行抗辩，就需要证明其并非专利技术的真正实施者。

（二）要注意从法律上区分物理制造行为与专利制造行为

关于尔某山公司的委托加工行为的定性，一审法院实际上是走入另外一种误区，即认为只要不是直接进行产品的生产，就不属于制造商。这种观点实际上混淆了物理意义上的生产行为与法律意义上的生产行为的区别。随着社会分工精细化的需求和发展，委托加工、定牌加工相当普遍，这种生产模式下，委托方虽然没有直接进行产品的生产，但仍然在主观上体现了生产的意思表示。本案中，虽然被诉产品的外观是由加工方设计提供，但对于最终选用何种产品外观进行生产，则仍然是由被告在加工方提供的多种方案的基础上选择确定的。这进一步证明了被告虽然没有直接参与物理生产，但以其主导性间接参与了生产过程，只不过直接的生产行为是由加工方在接受委托方的指示后所实施。一审法院的观点显然会间接鼓励委托方通过委托加工的方式来规避专利侵权风险或者疏于尽到合理的审查义务，不当减免其知识产权防范意识，所以并不可取。

（三）委托加工方的行为定性应当根据其在专利实施中的作用进行区分

认定委托方是否构成专利法意义上的制造行为，核心要件在于判断委托方是否具有实施专利技术的主观意愿。最高人民法院在上述“飞利浦案件”中就明确指出：“根据《专利法》第 11 条规定，未经专利权人许可而为生产经

营目的制造、使用、许诺销售、销售、进口专利产品的，属于侵犯专利权行为。这里的‘制造专利产品’，对于发明或者实用新型来说，是指作出或者形成覆盖专利权利要求所记载的全部技术特征的产品。上述理解综合考虑了‘制造’一词本身的含义和《专利法》第11条的立法目的。在委托加工专利产品的情况下，如果委托方要求加工方根据其提供的技术方案制造专利产品，或者专利产品的形成中体现了委托方提出的技术要求，则可以认定是双方共同实施了制造专利产品的行为。”

1. 产品的技术方案完全是由委托方所提供。这种委托加工关系中体现了委托方对实施被诉专利技术的独立的主观意愿，加工方只是按照委托方的指示完成产品物理上的加工，这种情况下应当认定委托方就是专利法意义上的制造者。

2. 产品的技术方案由委托方在加工方提供的基础上进行修改选定。本案的情形就是这种委托加工关系。本案中，尔某山公司没有直接向加工方提供设计方案，但最终生产的产品的外观是由尔某山公司在加工方提供的众多设计方案中选定的，由于方案是由委托方选定，这就不排除委托方在选择方案的过程中进一步提出自己的设计要求和具体标准，因此这种加工模式实际上仍然体现了委托方在实施专利技术过程中的主导作用，应当认定委托方就是制造者。至于双方在合同中所约定的免责条款，只对委托方与加工方在内部分担责任时具备合同意义上的作用，作为委托方不能以其未直接设计产品外观为由主张自己不是制造者。另外，在由加工方提供技术方案时，还有一种特殊情况需要注意，就是如果委托方在产品生产过程中只是对产品提出一些此类产品应当具有的功能性特征和范围并不明确的标准及参数，笔者认为也不能因此认为委托方对实施被诉专利技术起到主导和决定性作用。

3. 委托方对技术方案的实施没有起到任何决定和主导作用。在这种委托加工关系中，委托方与加工方之间名为委托加工，但由于委托方对产品技术方案无任何具体技术要求，一般只是要求加工方提供若干数量的某类产品，因此双方的关系实质上更接近于一种普通的购销关系。这种情况下，由于委托方对生产被诉产品不存在任何主动实施专利技术的意思表示，所以不应认定为专利产品的制造者。在南通启重润滑设备公司（以下简称启重公司）与启东丰汇润滑设备公司（以下简称丰汇公司）侵害发明专利权纠纷案[①]中，丰汇公司在从其他公司购买来的机器设备上贴附自己的商标并标注了其为制造商，因该设备侵害启重公司的专利权，启重公司遂以丰汇公司制造专利产品构成侵权为由提起诉讼。对于丰汇公司的行为定性，该案一、二审法院的判决完全相反。一审认定丰汇公司为制造商，二审则改判认为丰汇公司系销售者。笔者同意该案二审改判的理由：被告将他人产品通过加贴自己的生产信息，作为自身产品对外销售的，其行为仅是促成了被控侵权产品的市场流通，而与该产品已具备专利技术方案这一制造行为本身并无任何关系，因此不能仅以被告的相关标注行为即认定其系制造者，而应当根据已查明的客观事实来认定其仅为销售者。该案二审的裁判思路本质上与认定上述第三种委托加工关系中委托方并非制造者是一致的。

综上分析，对于委托加工中涉及专利侵权的，对委托方的行为定性，笔者认为：专利法所界定的制造行为应当是指未经专利权人许可，在相关产品上再现专利技术方案的活动与过程。换言之，专利法意义上的制造者应当对被控侵权产品已具备专利技术方案这一客观事实，具有主观上的意愿或客观上的行为。因此，笔者认为本案第二种意见既符合专利法意义上对于制造行为的界定，又能够公平合理解决实践中不同委托加工模式所引起的专利侵权纠纷，应予以肯定。当然，由于被诉产品上标注了委托方的相关信息，权利人以委托方为侵权主体提起诉讼符合正常的诉讼逻辑。为了最大限度保护专利权利人的正当权益，防止委托方随意以主观上没有实施专利技术的意愿、不属于制造商为由进行抗辩，法院在对委托方与加工方之间属于何种委托加工模式的证据审核上必须从严。

① 参见江苏省高级人民法院（2016）苏民终1399号民事判决。

[最新立法司法动态]

# 民法典各分编（草案）征求意见（十）

## 第二十五章　中介合同

**第七百四十五条**　中介合同是中介人向委托人报告订立合同的机会或者提供订立合同的媒介服务，委托人支付报酬的合同。

**第七百四十六条**　中介人应当就有关订立合同的事项向委托人如实报告。

中介人故意隐瞒与订立合同有关的重要事实或者提供虚假情况，损害委托人利益的，不得要求支付报酬并应当承担损害赔偿责任。

**第七百四十七条**　中介人促成合同成立的，委托人应当按照约定支付报酬。对中介人的报酬没有约定或者约定不明确，依照本法第三百零一条的规定仍不能确定的，根据中介人的劳务合理确定。因中介人提供订立合同的媒介服务而促成合同成立的，由该合同的当事人平均负担中介人的报酬。

中介人促成合同成立的，中介活动的费用，由中介人负担。

**第七百四十八条**　中介人未促成合同成立的，不得要求支付报酬，但是可以按照约定要求委托人支付从事中介活动支出的必要费用。

**第七百四十九条**　委托人在接受中介人的服务后，利用中介人提供的交易机会，绕开中介人直接与第三人订立合同的，应当向中介人支付中介报酬。

**第七百五十条**　本章没有规定的，适用委托合同的有关规定。

## 第二十六章　合伙合同

**第七百五十一条**　合伙合同是二人以上为了共同的事业目的，订立的共享利益、共担风险的协议。

**第七百五十二条**　合伙人应当按照合伙合同约定的出资方式、数额和缴付期限，履行出资义务。

一个或者数个合伙人不履行出资义务的，其他合伙人不能因此拒绝出资。

**第七百五十三条**　合伙人的出资、因合伙事务依法取得的收益和其他财产，属于合伙财产。

合伙财产由全体合伙人共有。合伙合同终止前，合伙人不得请求分割合伙财产。

**第七百五十四条**　合伙事务由全体合伙人共同执行。合伙人对合伙事务作出决定，除合伙合同另有约定以外，应当经全体合伙人一致同意。

按照合伙合同，可以委托一个或者数个合伙人执行合伙事务；其他合伙人不再执行，但是有权监督执行情况。

合伙人分别执行合伙事务的，执行事务合伙人可以对其他合伙人执行的事务提出异议。提出异议时，应当暂停该项事务的执行。

**第七百五十五条**　合伙人不得因执行合伙事务而请求支付报酬，但是合伙合同另有约定的除外。

**第七百五十六条**　合伙的利润分配和亏损分担，按照合伙合同的约定办理；合伙合同没有约定或者约定不明确的，由合伙人协商决定；协商不成的，由合伙人平均分配、分担。

**第七百五十七条**　合伙人对合伙财产不足以清偿的合伙债务，承担连带责任。清偿合伙债务超过自己应当承担份额的合伙人，有权向其他合伙人追偿。

**第七百五十八条**　除合伙合同另有约定以外，合伙人向合伙人以外的人转让其全部或者部分财产份额时，须经其他合伙人一致同意。

**第七百五十九条**　合伙人负担与合伙事务无关的债务的，债权人不得以其债权抵销其对合伙人负担的因合伙事务产生的债务。

合伙人的债权人不得代位行使合伙人依照本章和合伙合同享有的权利，但是合伙人享有的利益分配请求权除外。

**第七百六十条** 当事人对合伙期限没有约定或者约定不明确，依照本法第三百零一条的规定仍不能确定的，视为不定期合伙。

合伙期限届满，合伙人继续履行合伙事务，其他合伙人没有提出异议的，原合伙合同继续有效，但是合伙期限为不定期。

当事人可以随时解除不定期合伙合同，但是应当在合理期限之前通知其他合伙人。

**第七百六十一条** 合伙人死亡、终止的，合伙合同的权利义务终止。

**第七百六十二条** 合伙合同的权利义务终止后，合伙财产在支付因终止而产生的费用及清偿合伙债务后有剩余的，应当返还合伙人的出资；不足以返还全部合伙人的出资的，按照各合伙人实际出资的比例返还。

## 第二十七章 无因管理

**第七百六十三条** 管理人没有法定或者约定的义务，为避免他人利益受损失而管理他人事务，并且符合其知道或者应当知道的受益人真实意思的，可以请求受益人偿还因管理行为而支出的必要费用；管理人因管理行为受到损失的，可以请求受益人适当补偿。

管理行为不符合受益人真实意思的，管理人不享有前款规定的权利，但是为维护公序良俗的除外。

**第七百六十四条** 无因管理人的管理行为不符合前条规定，但是受益人主张享有管理利益的，受益人应当在其获得的利益范围内向无因管理人承担前条第一款规定的责任。

**第七百六十五条** 无因管理人管理他人事务，应当采取有利于受益人的方法。中断管理对受益人更为不利时，无正当理由不得中断管理。

无因管理人管理他人事务时，能够通知受益人的，应当及时通知受益人。管理的事务不需要紧急处理的，应当等待受益人的指示。

**第七百六十六条** 管理结束后，无因管理人应当向受益人报告管理事务的情况。无因管理人管理事务所取得的财产，应当及时转交给受益人。

**第七百六十七条** 无因管理人管理事务经受益人事后追认的，从管理事务开始时起，适用委托合同的规定，但是无因管理人另有意思表示的除外。

## 第二十八章　不当得利

**第七百六十八条**　得利人没有法律根据取得不当利益的，受损失的人可以请求得利人返还获得的利益，但是有下列情形之一的除外：

（一）为了履行道德义务进行的给付；

（二）债务到期之前的清偿；

（三）明知无给付义务而进行的债务清偿。

**第七百六十九条**　得利人不知道并且不应当知道获得的利益没有法律根据，获得的利益已不存在的，不承担返还该利益的责任。

**第七百七十条**　得利人知道或者应当知道获得的利益没有法律根据的，受损失的人可以请求得利人返还其获得的利益并赔偿损失。

**第七百七十一条**　得利人已经将获得的利益无偿转让给第三人的，受损失的人可以请求第三人在相应范围内承担返还责任。

**第七百七十二条**　明知或者误将他人事务当作自己事务管理的，可以适用本章关于不当得利的规定。

# 第三编　人格权

## 第一章　一般规定

**第七百七十三条**　本编调整因人格权产生的民事关系。

**第七百七十四条**　民事主体的人格权受法律保护。

除本编规定的人格权外，自然人享有基于人身自由、人格尊严产生的其他人格权益。

**第七百七十五条**　人格权不得放弃、转让、继承，但是法律另有规定的除外。

对人格权不得进行非法限制。

**第七百七十六条**　民事主体可以许可他人使用姓名、名称、肖像等，但是依照法律规定或者根据其性质不得许可的除外。

**第七百七十七条** 死者的姓名、肖像、名誉、荣誉等受到侵害的，其配偶、子女、父母可以依法请求行为人承担民事责任；死者没有配偶、子女和父母的，其他近亲属可以依法请求行为人承担民事责任。

**第七百七十八条** 侵害民事主体人格权的，应当依照本法和其他法律的规定承担停止侵害、排除妨碍、消除危险、赔偿损失、消除影响、恢复名誉、赔礼道歉等民事责任。

民事主体依照前款规定提出的停止侵害、排除妨碍、消除危险、消除影响、恢复名誉、赔礼道歉请求权不受诉讼时效的限制。

**第七百七十九条** 认定行为人承担侵害人格权的民事责任，应当考虑下列因素：

（一）人格权的类型；

（二）行为人和受害人的职业、社会身份、影响范围等；

（三）行为的目的、方式、地点、时间、后果等具体情节。

行为人为维护公序良俗实施新闻报道、舆论监督等行为的，可以在必要范围内合理使用民事主体的姓名、名称、肖像、隐私、个人信息等。

**第七百八十条** 民事主体有证据证明他人正在实施或者即将实施侵害其人格权的行为，如不及时制止将会使其合法权益受到难以弥补的损害的，可以在起诉前依法向人民法院申请采取责令停止有关行为的措施。

**第七百八十一条** 侵权人依法承担消除影响、恢复名誉或者赔礼道歉等民事责任的，应当与侵权的具体方式和造成的影响范围相当。侵权人拒不履行的，人民法院可以采取在报刊、网络等媒体上发布公告或者公布生效裁判文书等方式执行，产生的费用由侵权人负担。

**第七百八十二条** 因当事人一方的违约行为，损害对方人格权造成严重精神损害，受损害方选择请求其承担违约责任的，不影响受损害方请求精神损害赔偿。

## 第二章　生命权、身体权和健康权

**第七百八十三条** 自然人享有生命权，有权维护自己的生命安全。任何组织或者个人不得侵害他人的生命权。

**第七百八十四条** 自然人享有身体权，有权维护自己的身体完整。任何组织或者个人不得侵害他人的身体权。

**第七百八十五条** 自然人享有健康权，有权维护自己的身心健康。任何组织或者个人不得侵害他人的健康权。

**第七百八十六条** 自然人的生命权、身体权、健康权受到侵害或者处于其他危难情形的，负有法定救助义务的机构和人员应当依法及时施救。

**第七百八十七条** 完全民事行为能力人有权依法自主决定无偿捐献其人体细胞、人体器官、人体组织、遗体。任何组织或者个人不得欺诈、胁迫自然人捐献。

自然人同意捐献的意思表示应当采用书面形式或者有效的遗嘱形式，并且可以随时被撤销或者撤回。

**第七百八十八条** 禁止以任何形式买卖人体细胞、人体器官、人体组织、遗体。

违反前款规定的买卖行为无效。

**第七百八十九条** 有关科研机构等开发新药或者发展新的治疗方法，需要在人体上进行试验的，依法经相关主管部门批准后，还应当向接受试验的本人或者其监护人告知试验目的、用途和可能产生的损害等详细情况，并经其书面同意。本人或者其监护人可以随时撤销该同意。

禁止向接受试验者支付任何形式的报酬，但是可以给予其必要的补偿。

**第七百九十条** 违背他人意愿，以言语、行动或者利用从属关系等方式对他人实施性骚扰的，受害人可以依法请求行为人承担民事责任。

用人单位应当在工作场所采取合理的预防、投诉、处置等措施，预防和制止性骚扰行为。

**第七百九十一条** 自然人的人身自由不受侵犯。任何组织或者个人以非法拘禁等方式剥夺、限制他人的行动自由，或者非法搜查他人身体的，受害人可以依法请求行为人承担民事责任。

## 第三章 姓名权和名称权

**第七百九十二条** 自然人享有姓名权，有权依法决定、使用、变更或者许可他人使用自己的姓名。

法人、非法人组织享有名称权，有权依法使用、变更、转让或者许可他人使用自己的名称。

**第七百九十三条** 任何组织或者个人不得以干涉、盗用、假冒等方式侵害他人的姓名权或者名称权。

**第七百九十四条** 自然人原则上应当随父姓或者母姓。有下列情形之一的，可以在父姓和母姓之外选取姓氏：

（一）选取其他直系长辈血亲的姓氏；

（二）因由法定扶养人以外的人扶养而选取扶养人姓氏；

（三）有不违反公序良俗的其他正当理由。

少数民族自然人的姓氏可以从本民族的文化传统和风俗习惯。

**第七百九十五条** 未成年人父母离婚的，与未成年人共同生活的一方可以将该未成年人的姓氏变更为自己的姓氏，但是另一方有正当理由表示反对的除外。

父或者母变更未成年子女姓氏的，应当根据未成年子女的年龄和智力状况，尊重其真实意愿。

**第七百九十六条** 民事主体决定、变更自己的姓名、名称，或者转让自己的名称的，应当依法向有关机关办理登记手续，但是法律另有规定的除外。

**第七百九十七条** 具有一定社会知名度、为相关公众所知悉的笔名、艺名、网名、简称、字号等，被他人使用足以致使公众混淆的，与姓名和名称受同等保护。

# 《最新法律文件解读》丛书
## 稿　约

《最新法律文件解读》是一套以为最新法律规范提供同步“解读”为主的系列丛书，分为刑事、民事、商事、行政与执行4个分册，按月出版。

本丛书以“解读”为重点，突出全、专、新、快、准等特点，通过对最新出台的法律、法规、司法解释、部门规章以及重要地方性法规进行同步动态解读，弥补了法律、法规、司法解释汇编类出版物没有同步阐释、解读内容的不足，为广大读者学习理解最新法律规范，正确贯彻执行法律文件，及时解决实践中的新情况、新问题，提供一个全方位、多层面的法律信息平台。

欢迎您向以下栏目赐稿：

**【最新法律文件解读】**主要是对最新颁行的法律文件进行解读，帮助司法和执法人员正确理解法律文件的立法背景、意义、重点内容、在适用中应注意的问题、与相关法律文件的衔接与互动关系等等。

**【司法实务问题研究】**主要刊登对司法理论、实务及司法管理工作中的热点、疑难问题进行研究及评论的文章。

**【新类型疑难案例选评】**主要是对司法和行政执法实践中具有典型性和代表性的疑难案例，结合具体案情以及审理或处理结果进行简练精辟的点评，解析认识问题的方法、处理问题的法律依据和在个案中的具体适用。

**【法学前沿与新视点】**以摘要的形式刊登相关法学理论研究的最新动态及具有代表性和典型性的前沿问题，扩展法学研究的深度和广度。

**【法律适用问题解答】**主要针对司法和行政执法实践中面临的新问题、热点问题、疑难问题进行简要的解答，指出涉及的法律关系，明确法律适用依据。

稿件一经刊用，即付稿酬，稿酬从优。


《刑事法律文件解读》　姜　峤　邮箱：bj85250573@126.com

《民事法律文件解读》　丁丽娜　邮箱：dlnlaw@163.com

《商事法律文件解读》　路建华　邮箱：shangshijiedu@126.com

《行政与执行法律文件解读》　张　奎　邮箱：271717306@qq.com


人民法院出版社

《最新法律文件解读》丛书编辑部